バルトロメー=デ=
ラス=カサス

ラス＝カサス

・人と思想

染田 秀藤 著

143

CenturyBooks 清水書院

はじめに

わたしがラス＝カサスという人物の存在を知り、興味を抱くようになったのは大学の学部三年次に在籍中のころで、今からおよそ三〇年余りも前のことになる。もともと歴史に関心をもっていたわたしは卒業論文にラス＝カサスを取り上げることに決め、日西交渉史の研究で顕著な業績を残された故ホセ＝ルイス＝アルバレス先生の指導のもと、ラス＝カサスの著作ならびにラス＝カサス関係の研究書の読解に取り組んだ。そのとき、先生から是非読むようにと指示されたのは、「新世界」で進行中のスペイン人による非道な征服戦争の即時中止を訴えるため、ラス＝カサスが書き上げた論策 *Brevísima relación de la destrucción de las Indias*（一五五二年、セビーリャ刊）と、ラス＝カサス研究の先駆者ともいうべきアメリカのルイス＝ハンケの代表的な著作 *The Spanish Struggle for Justice in the Conquest of America*. Philadelphia. 1949、それに、当時出版されたばかりのスペインの碩学ラモン＝メネンデス＝ピダルの著作『ラス＝カサス神父　その二重人格』*El Padre Las Casas. Su doble personalidad*. Madrid. 1963 の三冊だった。

ところで、ラス＝カサスの先記の論策はその後、増田義郎先生（現在、東京大学名誉教授）の慫慂（しょうよう）

慂もあって、『インディアスの破壊についての簡潔な報告』という書名で、拙訳を文庫本として公刊することになった（一九七六年、岩波書店刊）。また、ハンケの著作も、メキシコのチャパス州サン‐クリストバル‐デ‐ラス‐カサス市で開催された第一回ラス＝カサス研究者国際シンポジウムでハンケ教授の知遇を得たことや、国際交流基金の招きで来日された同教授の講演会などに同行した縁で、『スペインの新大陸征服』という、原題とはややかけ離れた題名で、翻訳する機会を得た（一九七九年、平凡社刊）。

さて、話を学部時代に戻すと、当然のことながら、拙い語学能力と征服史やスペイン史に関する乏しい知識が災いして、アルバレス先生からだされた最初の課題である上記三冊の文献の読了には、かなりの時間と苦労を要した。そのためか、今でも、それらの文献を読み終えたときに味わった感激と三重の驚きを鮮明に覚えている。

「三重の驚き」といったのは、ひとつは、「大航海時代」の当初にあって、自国スペインの進める征服事業を敢然と批判したラス＝カサスの「勇気ある行動」とそれを支えた普遍的な思想が征服史に対する当時のわたしの認識を根底から覆したからである。つぎに驚いたのは、ハンケとメネンデス＝ピダルの間で、ラス＝カサスに対する評価が余りにも大きく乖離していたからである。ハンケは当時未刊であったおびただしい量の関係資料を発掘、渉猟して、征服・植民事業を国是のごとく押し進めるスペインにおいて、征服・支配の正当性や新世界の先住民（インディオ）の「人間性」

をめぐる大論争――一般に「インディアス論争」と言われる――がコロンブスの「新世界到達」からわずか二〇年後、つまり、一六世紀初頭に惹起（じゃっき）したことや、それが一六世紀末にいたるスペイン王室の対インディオ政策を左右するほど、重要な政治運動としての側面をもっていた事実を明らかにし、その論争においてラス＝カサスが果たした役割を高く評価し、「インディオの擁護者」として彼を称えた。ところが、メネンデス＝ピダルはハンケとは正反対に、ラス＝カサスを「偏執狂」とか「精神異常者」と決めつけ、彼の思想や作品に厳しい批判を加えたのである。三番目の驚きは、ハンケの実証的な作品が刊行されてから一五年近くの星霜が経過していたにも拘わらず、メネンデス＝ピダルが主観的としか思えないような反ラス＝カサス論を大々的に展開していたからである。そして、その驚きは、スペイン人研究者の論文や著作を読めば読むほど、ますます大きくなっていった。

　本書の最終章でも明らかにしたことだが、膨大な量のラス＝カサス関係の文献を読むと、スペインのみならず、欧米においても、ラス＝カサスがいく久しく、「インディオの使徒」とか「アメリカの父」と称えられる一方、「誇大妄想狂」とか「売国奴」として、その存在自体を否定されたり、「非現実主義者」とか「夢想家」というレッテルを貼られて、その思想の現代性（アクチュアリティー）が無視されてきたことが分かる。過去の出来事や人物に対する評価が歴史家の間で異なるのはごく普通のことであり、それは、ひとつには、歴史家の間で、自己の生きる世界と時代に対する認識、換言すれば、世界史認識に違いがあるからである。しかしながら、古今東西の世界史を繙いても、ラス＝カサスほど、数世紀にわたって正反対の評価を下されてきた歴史上の人物も珍しいだろう。

なぜ、ラス＝カサスに対して極端にステレオタイプ化された評価が下されてきたのだろうか。また、その事実は何を意味しているのだろうか。わたしは大学院に進学して以来現在にいたるまで、そのような問題意識のもとに、ラス＝カサスの行動と思想を一六世紀という激動する歴史的環境に位置づけて正確に理解し、彼の主張の現代性をできるだけ客観的に解明しようと心がけてきた。しかし、忌憚のないところを言えば、ラス＝カサスは浅学非才なわたしにはあまりにも大きすぎて、一生をかけても、彼はわたしを研究者として認めてくれないのではないかと恐れている。

さて、とくに今世紀中葉以降、ヨーロッパを中心に世界史を解き明かす伝統的な歴史研究の在り方が激しい批判に晒されるようになると、ラス＝カサスに対する評価も欧米、とくにスペインで、変化の兆しが現れた。しかし、「人類はひとつ」という信念にもとづいて、スペインの押し進める「征服・支配事業」を真正面から批判し、インディオの生命と人間としての尊厳を守ることに半生を捧げたラス＝カサスに対して下された、とくにスペイン人研究者の主観的とも言える否定的な評価、換言すれば、過去五〇〇年近くにわたってスペインで創りあげられてきた反ラス＝カサス的言説はそう簡単に覆されなかった。その証拠のひとつに、次ページの写真を挙げることができるだろう。そこに写っているのは、一九九二年にコロンブスの「新大陸到達」五〇〇年を記念して万国博

ラス＝カサスのモニュメント　セビーリャ市。1992年の万国博覧会を記念して建立された。井上幸孝氏撮影

覧会が開催されたセビーリャ市――ラス＝カサスの生地――に新しく建立されたラス＝カサスのモニュメントであり、その黒く汚れたラス＝カサス像にスペイン人に共通する反ラス＝カサス感情を読み取ることができるといったら、言い過ぎだろうか。

もちろん、スペインにも、本書を執筆するに当たって大いに参考にした親友、ドミニコ会士イサシオ＝ペレス＝フェルナンデスに代表されるように、詳細な史料にもとづいて、ラス＝カサスの行動を支えた思想とその歴史的意義の解明に真剣に取り組んでいる研究者は少なくない。しかし、その一方、ペドロ＝ボルヘスなどのように、メネンデス＝ピダルの流れを汲んで感情的なラス＝カサス批判をくりかえす歴史家たちが現存するのも事実である。その事実やセビーリャ市に立つ黒く汚れたラス＝カサスのモニュメントは――たとえ現在、修復されているとしても――、インディオと黒人の奴隷化の不当性を厳しく追及し、民族中心主義的な歴史認識に異を唱え、「人類はひとつ」と訴えたラス＝カサスの思想の普遍性が理解されていないことを示唆しているといっても、過言ではないだろう。

本書は一九九〇年に発表した『ラス＝カサス伝――新世界征服の審問者』（岩波書店刊）をもとに、九〇年以降に明らかにされた事実や公刊された研究書にもとづいて新しく書き下ろしたものである。しかし、言うまでもなく、本書はあくまでわたしのラス＝カサス論を簡潔にまとめたものにすぎず、異論や反論があってしかるべきだろう。したがって、本書を通じて、ラス＝カサスへの関心が高まり、感情に支配されない、実証的で建設的な議論のできる場が生まれれば、それに優る喜びはない。

本書を執筆するにあたり、いつものように、大勢のゼミ生や院生諸君、海外の研究者、それに、同僚や友人から温かい協力と助言を頂いた。とくに、有益な助言を惜しまれなかった畏友、元岩波書店編集部の石原保徳氏をはじめ、貴重な情報や文献を提供してくださったペルー=カトリック大学学長サロモン＝レルネル＝フェブレス教授 Dr. Salomón Lerner Febrés、同大学のフランクリン＝ピース教授 Dr. Franklin Pease G. Y.、スペインのイサシオ＝ペレス＝フェルナンデス神父 P. Isacio Pérez Fernández、マドリード大学のマヌエル＝バリェステロス＝ガイブロイス教授 Dr. Manuel Ballesteros Gaibrois、エル=コレヒオ=デ=メヒコのシルビオ＝サバラ博士 Dr. Silvio Zavala とメキシコ国立自治大学のアルフレド＝ロペス＝アウスティン教授 Dr. Alfredo

López Austin、エール大学のロレナ＝アドルノ教授 Dra. Rolena Adorno、フランスのアンドレ＝サン＝リュ博士 Dr. André Saint-Lu とマリアンヌ＝マン＝ロト女史 Profra. Marianne Mahn-Lot には、心より礼を申し上げたい。また、スペインのオノフレ＝ベロス神父 P. Onofre Veros、メキシコのアンヘル＝ロブレス＝ラミレス氏 Lic. Angel Robles Ramírez、それに大阪外国語大学の同僚でスペイン中世史専攻の大内一氏は貴重な写真を提供してくださった。ここに記して謝意を表する次第である。

さらに、ラス＝カサスに関する原稿執筆の依頼を受けてから脱稿するまで、阪神・淡路大震災の影響もあって、四年近くの歳月が経過したが、その間、辛抱強く原稿の完成を待ってくださった清水幸雄氏ならびに編集部の徳永隆氏に感謝しなければならない。

最後に、学生時代から現在にいたるまで、わたしの研究活動を温かく見守り、支援してくださった恩師、前大阪外国語大学学長山田善郎先生と先記の増田義郎先生、ならびに、わたしのわがままな研究生活を支えてくれた家族一同に心から礼を申し述べたい。

一九九七年七月

宝塚・中山五月台の寓居を去るにあたって

染　田　秀　藤

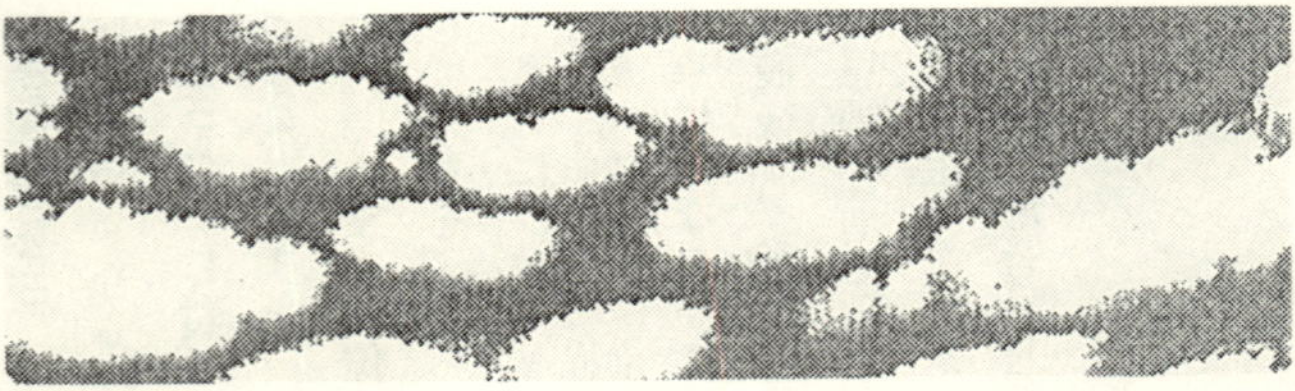

目次

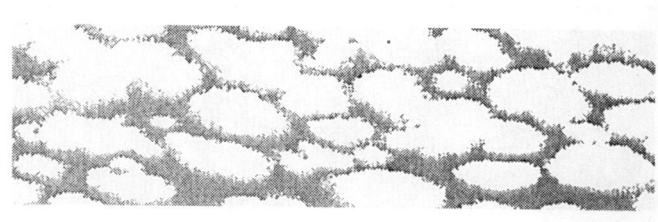

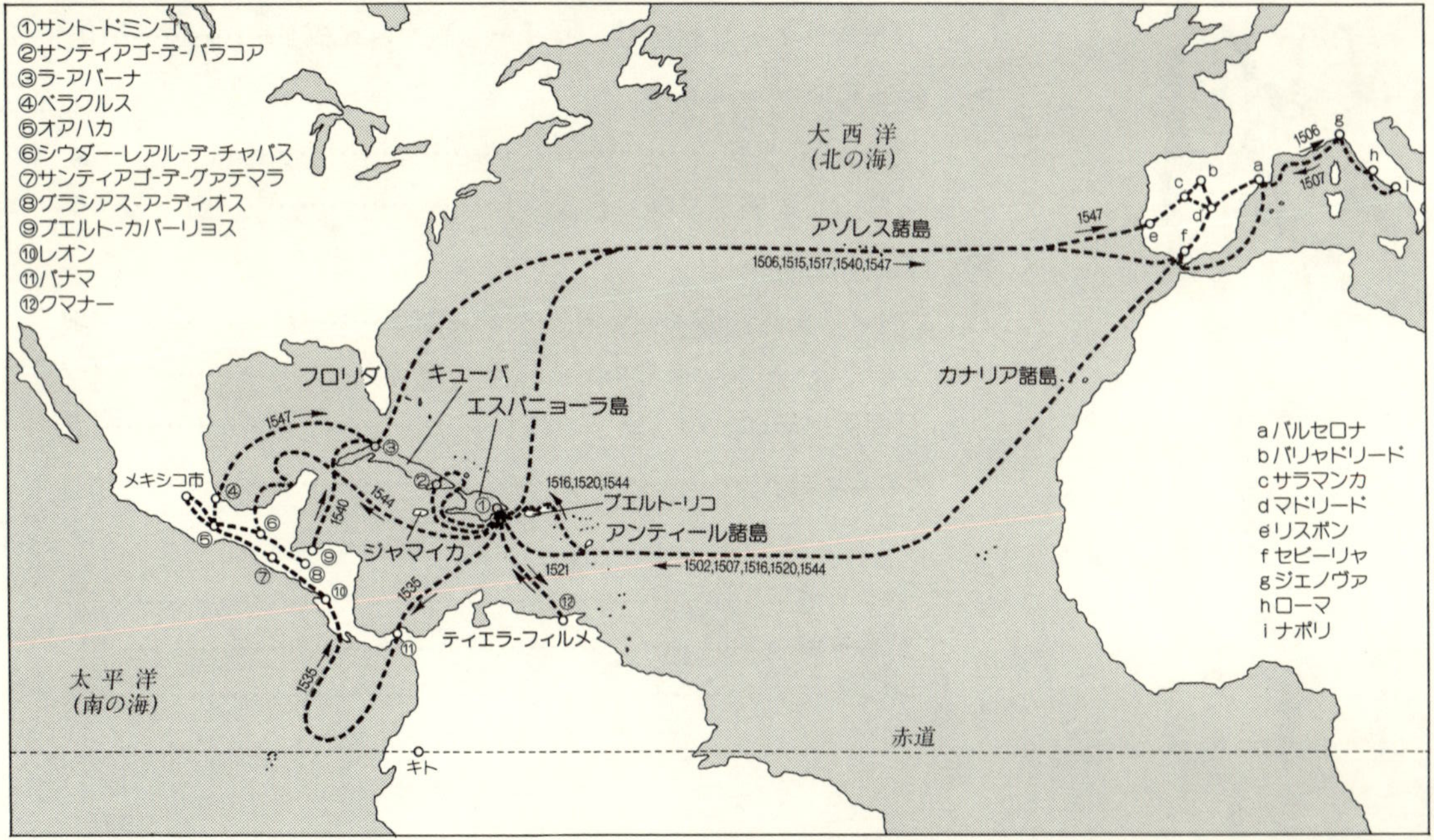
①サント-ドミンゴ
②サンティアゴ-デ-バラコア
③ラ-アバーナ
④ベラクルス
⑤オアハカ
⑥シウダー-レアル-デ-チャパス
⑦サンティアゴ-デ-グァテマラ
⑧グラシアス-ア-ディオス
⑨プエルト-カバーリョス
⑩レオン
⑪パナマ
⑫クマナー
大 西 洋
(北の海)
アゾレス諸島
1506,1515,1517,1540,1547
1547
1506
1507
カナリア諸島
フロリダ
キューバ
エスパニョーラ島
プエルト-リコ
1516,1520,1544
アンティール諸島
1502,1507,1516,1520,1544
ジャマイカ
メキシコ市
1547
1544
1540
1535
1521
ティエラ-フィルメ
太 平 洋
(南の海)
赤道
キト
a バルセロナ
b バリャドリード
c サラマンカ
d マドリード
e リスボン
f セビーリャ
g ジェノヴァ
h ローマ
i ナポリ

ラス＝カサスの足跡

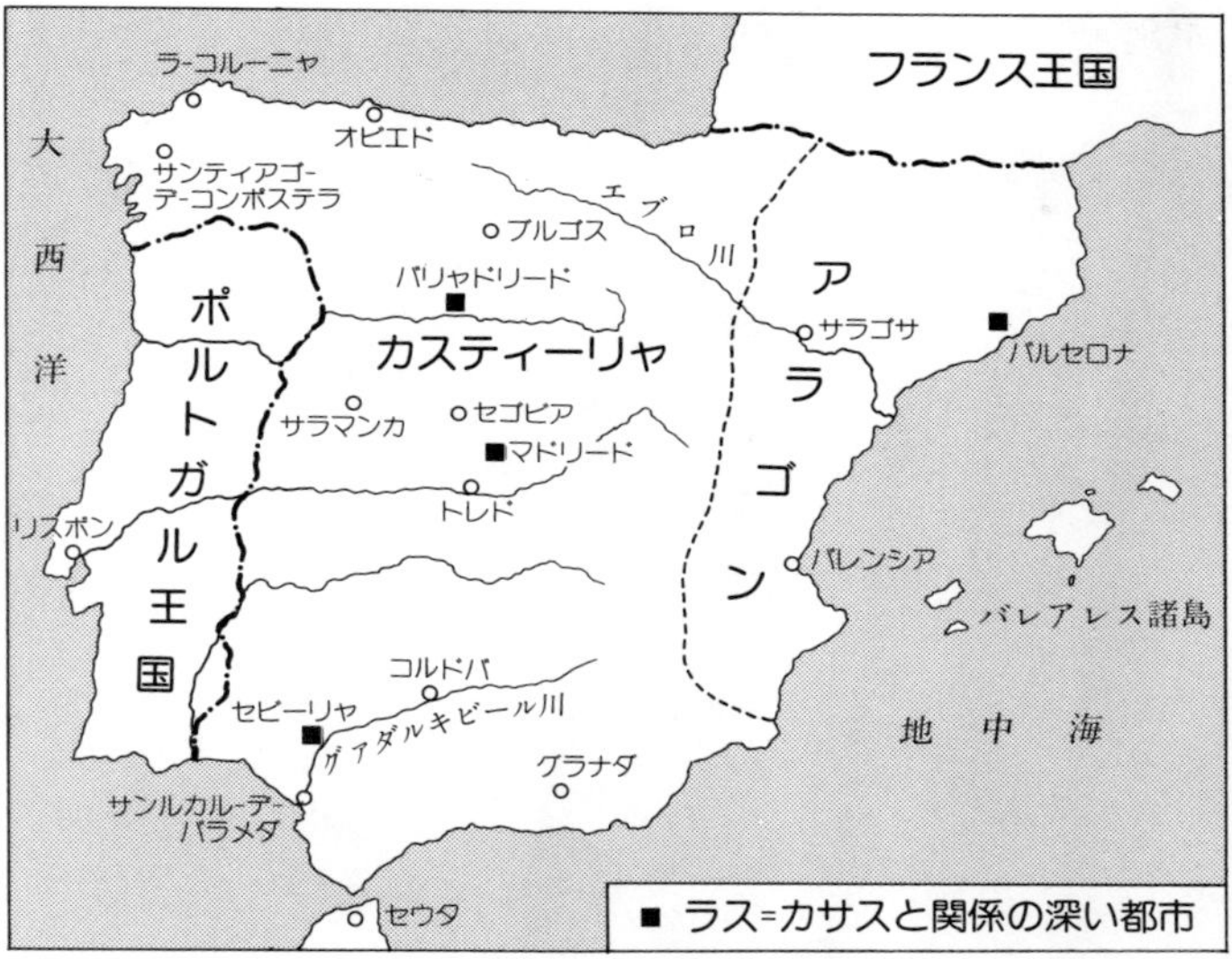

16世紀のイベリア半島

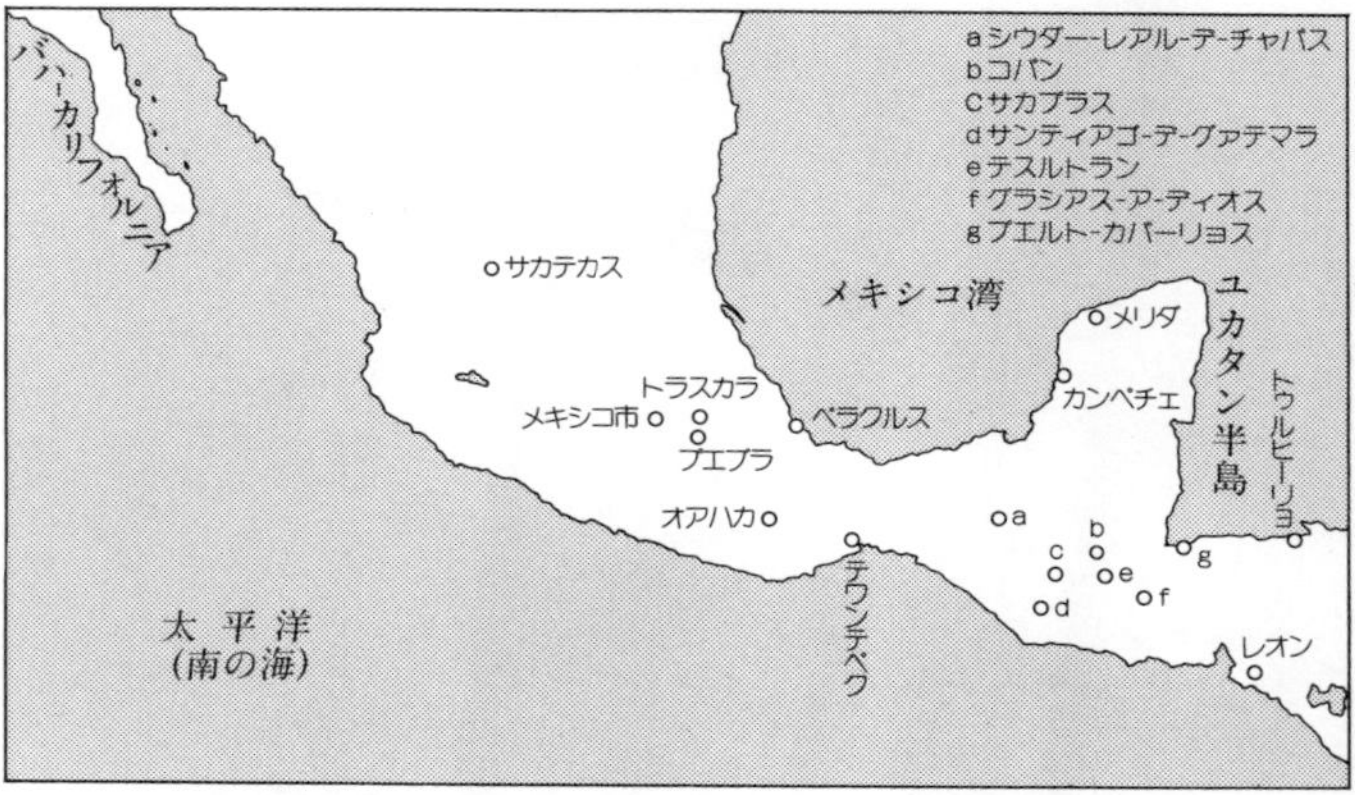

16世紀のヌエバ-エスパーニャ副王領

Ⅰ　修道士となるまで

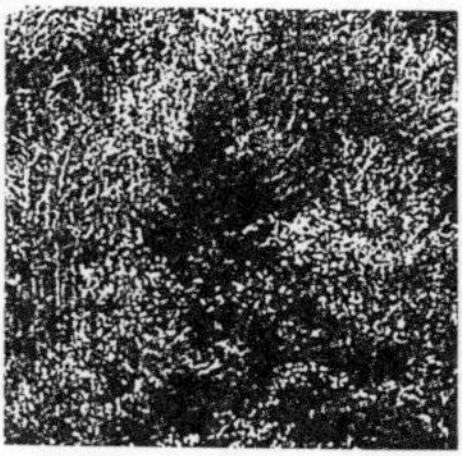

新しい世界との出会いと第一回目の《回心》——一四八四～一五一五

セビーリャに生まれる

数世紀前と同じように現在も、有名な聖週間の聖体行列を見物しようと、大勢の観光客や巡礼者がスペイン南部アンダルシーア地方に位置するセビーリャの町を訪れるが、おそらく、一四九三年の枝の主日（復活祭直前の日曜日）のときほど、群衆が今か今かとその到着を待ち望んだ感動的な行列はなかっただろう。なぜなら、頭巾を被らされた罪人や様々な信徒講（コフラディーア）の行列の先頭をきって歩んでいたのがほかでもない、大洋のはるか彼方に想像を絶する島々を「発見」して帰還したばかりの提督クリストバル＝コロン（英語名クリストファー＝コロンブス。以下コロンと略記）だからである。つまり、同年三月三一日、念願の西方航海を終えたコロンが七名のインディオを連れてセビーリャに到着したのである。その光景を群衆の中に混じって眺めていた一人の少年がいた。その少年こそ、のちにインディアス（植民地時代を通じて用いられたスペイン領新大陸の正式名称で、カリブ海域ならびにフィリピン群島も含まれる）の先住民・インディオの自由と生命を守るのに半生を捧げることになるバルトロメー＝デ＝ラス＝カサスである。

セビーリャ市街　手前の川はグァダルキビール川。筆者撮影

ラス＝カサスはセビーリャの町を流れるグァダルキビール川に面したトリアナ地区で、一四八四年八月（一一月説もある）に呱々（ここ）の声を上げた。父はセビーリャで小規模な製パン業を営む質素な商人ペドロ＝デ＝ラス＝カサス（一四六四頃～？）、母はイサベル＝デ＝ソサ（？～一四九七頃）といわれ、ラス＝カサスは四人兄弟の長男で、イサベル、カタリーナ、マリアナの三人の妹がいた。改宗ユダヤ人の血を引くともいわれるが、確証はない。

父ペドロは妻子をセビーリャに残して、一四九三年九月、コロンが二〇〇〇名に近い植民者を率いて行った大規模な第二次航海に参加してエスパニョーラ島（現在、ドミニカとハイチのある島）へ渡り、九九年、コロンより与えられた一人の若いインディオ奴隷を伴ってセビーリャに帰還、ラス＝カサスにその奴隷を与えた。このように、父親のインディアス渡航を見送ったり、インディオ奴隷を召し抱えたことで、ラス＝カサスは西方に拡がる新しい世界、インディアスに特別な思いを抱くようになった。

ラス＝カサスは一四九八年頃からラテン語の学習を始めたが、当代随一のユマニストとして有名なエリオ＝アントニオ＝デ＝ネブリハ（リブリハ）が同年セビーリャに開いた学院に学び、ラテン語のみならず、幅広い人文主義的教養を身につけたと伝えられる。

一四九九年にエスパニョーラ島から帰国した父ペドロは翌一五〇〇年六月中旬、フランシスコ＝デ＝ボバディーリャの遠征隊の一員として、再びエスパニョーラ島へ向かうことになるが、その直前、ラス＝カサスを連れてグラナダへ赴いた。周知のとおり、グラナダは一四九二年一月二日にキリスト教徒軍に無血開城したイスラム教徒、すなわちモーロ人の最後の拠点であり、降伏後、モーロ人は初代グラナダ司教エルナンド＝デ＝タラベラの比較的寛容な宗教政策のもとで平和に暮らしていた。しかし、一四九九年、強制的な改宗化を主張するトレドの大司教フランシスコ＝ヒメネス＝デ＝シスネロスがカトリック両王（カスティーリャ・レオン王国のイサベル女王とアラゴン王国のフェルナンド国王）に随行してグラナダへ到着し、急進的な宗教政策を強行したのを契機に暴動を起こした。アルプハラスの暴動である。暴動鎮圧のための民兵団がセビーリャで組織され、一五〇〇年一月末、一六歳のラス＝カサスは父とともに民兵としてフェルナンド王に仕えてグラナダへ赴いたのである。

同年三月中旬過ぎ、グラナダからセビーリャへ戻ったラス＝カサスは、父ペドロが六月にボバディーリャの船隊に加わってエスパニョーラ島へ向かうと、学業を止め、家業に専念した。しかし、父親が再びインディアスへ向かったという事実とインディアスに渡った人たちが金銀を手に入れてセビーリャへ戻ってくるという現実が重なり合って、インディアスという未だ見ぬ世界がラス＝カサスの心の中でますます大きな位置を占めるようになった。

最初のインディアス渡航

ラス＝カサス自身の証言によれば、彼は一五〇二年二月、新たにエスパニョーラ島総督に任命されたラレスの受勲修道騎士ニコラス＝デ＝オバンドの率いる二五〇〇名の植民者の一員としてセビーリャのサンルカル-デ-バラメダ港を後にし、最初のインディアス渡航の旅に出た。ラス＝カサスはインディアス渡航の目的について沈黙を守っているが、以下に引用するように、他のスペイン人同様、金銀や奴隷を手に入れること、つまり、蓄財を目的にインディアスへ渡航したことを窺わせるような文章を『インディアス史』に書き残している。

「私が同行の人々とともにこのサンクト-ドミンゴ港に到着して、錨をおろしたその日のことである。われわれ船で来た者がまだ上陸するより前に、この地に居住している者が数人岸へやって来た。船で来た者の中には、以前この島に住んでいた者が何人かいた。彼らが岸にいる知人たちへ向かって大声で、〈やあ、しばらく。お変わりありませんか〉とたずねると、岸の人たちは、〈やあ、お帰り。ご無事で何より〉と答えた。〈島ではどんな様子ですか。何か変わったことは〉との船からの質問に対して、〈たいへん良い知らせがありますよ。金がたくさんとれてね、中にはこれこれリブラ（ポンド）の塊も見つかったんです。それから、現在インディオと戦争をしているから、間もなく奴隷が大勢捕まりますよ。云々〉という返答であった。この知らせを聞いて、われわれ、船の者たちは、ちょうどいいおりに来たものだと大いに喜び満足した。」（一－二二）

しかし、サント＝ドミンゴに到着後、ラス＝カサスは他の植民者と同じように飢餓に苦しめられ、期待した金も思うように手に入らず、食糧不足と熱帯の気候に悩まされた。状況は、「死者が続出しはじめ、埋葬するのに司祭たちの手がまわりきれないほど」悲惨をきわめ、「二五〇〇人のうち、一〇〇〇人以上の者が死亡し、五〇〇人が大きな苦悩と飢餓と貧窮のために病気になった」。その結果、ラス＝カサスは一五〇二年九月頃、生き残った仲間と一緒に内陸のシバオ地方に建てられたスペイン人居留地コンセプシオン＝デ＝ラ＝ベガ（以下ベガ市と略記）へ移った。

シバオはコロンが誤ってシパング（日本）とみなした土地であり、アロンソ＝デ＝オヘダがエスパニョーラ島最初の金鉱山を発見した場所でもあった。シバオの金鉱では小粒の金しか採掘されず、一年余りのそこでの生活も決して恵まれたものではなかった。一五〇三年秋、ラス＝カサスは、総督オバンドが企てたエスパニョーラ島西部に位置するハラグワー地方への征服遠征に参加、その功績によって、一人のインディオを与えられた。ラス＝カサスはのちに、このときの戦いでスペイン人が犯したインディオに対するおびただしい虐殺の様子を記したあと、「こうした残忍な殺戮（さつりく）をまぬかれた若干の人たちは、スペイン人から逃れるために、彼らの小舟、すなわちカノーア（カヌー）に乗ってそこから八レグワ離れた海上にあるグアナボという小島へ渡って行った。それらのインディオたちが命からがら逃げ出したことを理由に、受勲修道騎士（オバンド）は、彼ら全員をスペイン人の奴隷にするという裁きを下した。私自身も、このようにして分配されたインディオの一人を奴隷としてもっていた」と、告白している。

一五〇四年三月頃、ラス＝カサスはハラグワーで手に入れたインディオ奴隷一名を連れてシバオ地方のベガ市へ戻り、シバオの金鉱山で金の採掘などに従事した。同年夏頃、イゲイ地方のインディオがスペイン人による支配を拒否して決起したため、オバンドは鎮圧に向かうことになり、ラス＝カサスも従軍した。「いかなる人間にとっても、全く異様としか思われないようなこうした［残虐な］行為を、またそのほかいろいろな［非道な］所行を、私はこの目で実際に見た」と、のちに記すことになるラス＝カサスは八ヵ月から一〇ヵ月にわたるその戦いでの功績により、新しく、ベガ市近郊を流れるハニケ川流域に土地とインディオの分配を受け、彼らを使役して農業に携わった。

その後、ラス＝カサスはフワン＝デ＝エスキベール軍に加わり、スペイン人支配に抵抗してエスパニョーラ島を去ったコトゥバナマーという名のカシーケ（首長）を追跡してサオナという小島へ渡った。コトゥバナマーを捕らえたのち、ラス＝カサスはエスキベールとともにサントードミンゴへ戻り、その後ベガ市に落ち着いた（一五〇五年四月頃）。

それからおよそ一年後の一五〇六年九月頃、彼はエスパニョーラ島を去り、スペインへ帰った。

そして、同年末、セビーリャで剃髪を受け、下級聖品に叙品されて副助祭になった。しばらくして、ラス＝カサスはジェノヴァを経由してローマへ赴き、翌年二月、同地で司祭に叙品された。ローマ滞在中、ラス＝カサスは、提督コロン（一五〇六年没）の弟バルトロメーと協力して、提督の実子ディエゴ＝コロンの相続権をめぐるスペイン王室との訴訟を有利に運ぶため、ローマ教皇ユリウス二世の支援を取りつける運動に携わった。そうして聖職者の道に入り、伝道師という新しい職についたラス＝カサスはバルトロメーとともにナポリを経由してスペインへ戻り、一五〇七年九月末、セビーリャから再びエスパニョーラ島へ向かった。

エンコミエンダ制とラス＝カサス　一五〇七年末、再びエスパニョーラ島の土を踏んだラス＝カサスはベガ市に暮らし、分配されたインディオを使役して開拓事業や近郊の鉱山の採掘に従事する一方、スペイン人の告白を聴いたり、説教を行ったりした。彼は、その当時レパルティミエントのインディオを所有していたと記しているが（三―七九）、ラス＝カサスの言うレパルティミエント（分配）とは、彼自身が「のちにエンコミエンダと呼ぶようになったあのレパルティミエントという災厄（さいやく）」と記していることからも明らかなように、エンコミエンダのことである。エンコミエンダこそ、彼が「インディアス全域を根こそぎに破壊しつくした残虐なる疫病」と激しく非難することになる制度である。

エンコミエンダ制はエスパニョーラ島総督ニコラス＝デ＝オバンドの要請をうけて一五〇三年一二月にイサベル女王が正式に導入を認めたものである。女王は、インディオをキリスト教徒と交際させてカトリック教に改宗させること、インディオを金その他の貴金属の収集・採掘やそれ以外の労働に従事させること、インディオの労働に対しては相応の報酬を支払うこと、祝祭日にはインディオを集め、カトリックの信仰を教えること、カシーケにはスペイン人が必要とする労働に従事させる一定数のインディオを常に確保させること、それにインディオを奴隷ではなく自由な臣民として働かせることなどを命じた。すなわち、エンコミエンダは、スペイン人に一定数のインディオを委託し、貢物もしくは労働を強要する権利を認める代わりに、そのインディオたちのキリスト教化と文明化を義務づけた制度である。スペイン王室はエンコミエンダの導入によってインディアスの植民化を完成できたと言われるほど、一六世紀を通じて、エンコミエンダは重要な制度として機能を果たすことになった。換言すれば、スペイン王室はインディオの労働力を基盤に植民地支配を確立することができたのである。

イサベル女王

　このようにインディオに対する強制労働を合法化したエンコミエンダ制にもとづいて一定数のインディオの割り当てを受けた人はエンコメンデロと呼ばれ、したがって、ラス＝カサスもエンコメンデロだった。ただし、スペイン人がすべて、エンコメンデロだったわけではなく、また委託されるインディオの数もエンコメンデロのスペインにおける社会的地位、職業や征服戦争における功績に応じて異なり、しかも、インディオを労働力として徴発できる期間も限られていた。したがって、エンコミエンダの下賜をめぐって、常に植民者同士が啀み合い、スペイン人社会は決して団結していたわけではなかった。

コルドバ神父とモンテシーノス

さて、聖職者としてラス＝カサスが初ミサをあげたのはかなり遅く、一五一〇年九月のことで、場所はベガ市だった。このときのミサには、第二代提督でエスパニョーラ島総督のディエゴ＝コロンをはじめ、島の名士や官吏が大勢、参加した。

ちょうどそのころ、ドミニコ会士ペドロ＝デ＝コルドバ神父を団長とするドミニコ会伝道団（四人）が来島した。一五一〇年一一月初頭、ラス＝カサスは、ベガ市に滞在した総督ディエゴ＝コロンを表敬訪問したコルドバ神父の行った「崇高かつ素晴らしい」説教を聞き、非常な感銘を受けた。このコルドバ神父との出会いはのちラス＝カサスの人生に大きな意味をもつことになる。一五一一年から一二年三月頃まで、ラス＝カサスはエンコメンデロ兼聖職者として、ベガ市で以前と変わらない生活を送っていた。ところが、島の中心地サントードミンゴでは、一五一一年末に、のちにアメリカの歴史家ルイス＝ハンケが《アメリカ征服における正義を求めるスペインの闘い》と命名することになる運動の嚆矢となる事件が起きた。つまり、一二月二一日、インディオの蒙っていた非人間的な扱いに対して抗議の説教が行われたのである。ドミニコ会士アントニオ＝デ＝モンテシーノスがコルドバ神父の命令を受け、ドミニコ会伝道団を代表してスペイン人植民者を厳しく難詰する以下のような説教を垂れた。

「この島の荒野におけるキリストの声、私がその声なのです。それゆえ、あなた方は……注意深く、あなた方の全感覚と全神経を集中して、キリストの声に耳を傾けなければなりません。……この声こそは、インディアスの無辜の民に対して残虐を行い、暴虐を加えることによって、あなた方のすべてがいま大罪を犯しつづけており、その大罪に陥ったままで生き、かつ死んでゆくことを告げ知らせる声なのです。さあ、皆さん、答えなさい、あなた方は一体いかなる権利、いかなる正当性をもって、このインディオたちをかくも惨めな、かくもおぞましい奴隷状態に所有しているのですか。それらの土地であなた方は前代未聞の殺戮と破壊を行い、無数の人々を消滅させてしまったではありませんか。一体いかなる理由で、あなた方は彼らをかくも抑圧し疲弊させ、食べ物も与えず、病気になっても治してやろうともしないのですか……あなた方はインディオたちに信仰の何たるかを教え、彼らを創り給うた神の存在を知らせ、洗礼を受けさせ、ミサにあずからしめ、祝日と安息日を守らせるという義務を負いながら、その責任をどれほど感じているのですか。一体これらの人々は人間ではないというのですか。彼らの霊魂には、理性が備わっていないというのですか。あなた方はおのれを愛するがごとく、彼らを愛すべきではないのですか。」

このように、モンテシーノスはインディオを収奪する制度と化したエンコミエンダを厳しく批判し、征服戦争の正当性を問い、インディオの人間性を訴える説教を行ったが、ラス＝カサスはベガ市にいて、説教を聴くことができなかった。しかし、その説教はエスパニョーラ島のスペイン人社会に大きな不安を引き起こすほど反響を呼び、当然、ラス＝カサスの耳にも届いた。さらに、ドミニコ会士たちはインディオを所有する者に対し告白の聴聞や赦免を拒否するという強硬な手段に訴え、ラス＝カサスもその的になった。すなわち、一五一二年初頭、彼はエスパニョーラ島で一人のドミニコ会士――おそらくモンテシーノス――に悔悛（かいしゅん）の秘蹟の授与を願い出たところ、エンコミエンダでインディオを所有しているという理由から聴聞を拒否されたのである。その結果、ラス＝カサスは自己の行動の正当性に疑問を抱きつつ、ディエゴ＝ベラスケスに招かれて従軍司祭としてキューバ島へ向かうことになった。

キューバ島の征服

キューバ島の征服と植民は、エスパニョーラ島におけるインディオ人口の減少と金の産出量の低下や不平等な分配によって苦しい生活を強いられたスペイン人植民者を救済するため、総督ディエゴ＝コロンが計画したもので、一五一一年六月、遠征隊の指揮官ディエゴ＝ベラスケスはおよそ三〇〇名のスペイン人を率いてキューバ島へ向かった。遠征には、のちにアステカ王国の征服者（コンキスタドール）として歴史にその名を残すエルナン＝コルテスも参加していた。

ラス＝カサスがキューバ島へ赴いたのは一五一二年三月のことで、そのとき、すでに島の征服は進められていた。島へ渡ったラス＝カサスは従軍司祭としてベラスケスに仕えてバヤモ地方へ遠征し、同地方のインディオの改宗化に従事した。その後、彼はフワン＝デ＝グリハルバ、次いでパンフィロ＝デ＝ナルバエスに仕えて島の西部地方の征服にも参加し、スペイン人征服者の犯す不法行為や非道な振る舞いを抑えようと努力した。しかし、カオナオの村では、ラス＝カサスの制止にも拘わらず、三〇〇〇人のインディオがスペイン人の刃の犠牲になった。のちに、ラス＝カサスはこのカオナオの虐殺を「アンティール諸島でスペイン人が犯した最大の残虐行為」と記し、隊長ナルバエスはさながら大理石のように、黙ったまま手を拱(こまね)いて虐殺が行われるのを眺めていたと書き綴った。その結果、ラス＝カサスは自分もスペインの押し進めるそのような征服事業に加担していることに良心の呵責(かしやく)を感じるようになった。

キューバ島の征服が完了すると、一五一四年四月、ラス＝カサスはペドロ＝デ＝ラ＝レンテリーアと共に、アリマオ川に面したカナレオという村に農地とインディオの分配を受け、以後、レンテリーアと共にインディオを使役して農作業や金の採掘に従事した。このとき、彼は「インディオに対する取り扱いにおいては、常に人情深く、慈悲と慈愛をもって接するように心掛けていた」が、インディオの改宗化にはほとんど無関心だったと告白している（三―三二）。

第一回目の《回心》

こうして、ラス＝カサスは平日はエンコメンデロとして、カナレオでエンコミエンダのインディオを徴用して世俗の仕事に専念する一方、週末は聖職者として、ベラスケスが建設したばかりのスペイン人居留地サンクティースピリトゥスへ赴いてスペイン人植民者の信仰生活の世話に当たった。しかし、そのようなエンコメンデロ兼聖職者としてのラス＝カサスの生活は長くはつづかなかった。先住民にとり、熱帯の楽園キューバ島が地獄と化したからである。すなわち、インディオたちは金鉱山での過酷な労働でまるで蠅のように死に絶え、スペイン人植民者はインディオ女性をほしいままに犯し、インディオたちの畑は荒れ果て、年老いた人々や乳飲み子たちは餓死し、はては、スペイン人の搾取から逃れようと、家族全員が自ら命を絶つ事態に及んだのである。

その結果、一五一四年の聖霊降臨祭にミサを行うことになったラス＝カサスは準備のために読んでいた旧約聖書第二聖典『集会の書』（第三八章）にある「不正の獲物を供物にするのは、侮ることである。悪人の供物を、主は受け入れない。……貧しい人の持ち物で生贄を捧げるのは、父の目の前で子を殺すに等しい。貧しい人は、乏しい食物に頼って生きている、彼らからそれを奪うのは殺すことである。隣人から身の糧を取るのは、彼を殺すに等しく、雇い人に給料を支払わないのは、その血を奪うことだ」という句に心を打たれ、同年八月一五日の聖母被昇天の祝日、サンクティースピリトゥスでベラスケスをはじめ大勢のスペイン人植民者を前に、自分に託されたインディオの解放を公にすると同時に、インディオに対してスペイン人が犯してきた不正、圧政、蛮行を告発し、エンコミエンダ制を厳しく非難し、奪ったものをインディオへ返還するよう、説教した。これが一般にラス＝カサスの第一回目の《回心》と呼ばれ、彼自身もそう名づけている。それは、ラス＝カサスがキリスト教徒として隣人、つまり、インディオに対して果たすべき義務に思いをいたし、厳しい良心の呵責に耐えかねた結果だった。その意味で、この回心は、ラス＝カサスがインディオの蒙っている社会不正に対して抱いた激しい義憤に発する抗議行動と言える。

回心以後、ラス＝カサスはモンテシーノスの説教を嚆矢(こうし)とするドミニコ会士主導の「正義を求める闘い」に積極的に関わり、七、八ヵ月間、サンクティースピリトゥスでくりかえしエンコミエンダを非難する説教を行った。しかし、総督ディエゴ＝ベラスケスや植民地官吏はもとより、スペイン人植民者はいっこうに態度を改めなかった。ラス＝カサスはキューバ島がエスパニョーラ島と同じように全面的に破壊されていくのを見て、国王に実情を報告し、改善策を求める必要があると判断し、スペインへの帰国を決意し、一五一五年七月、キューバ島を後にし、サントードミンゴへ向かった。

植民事業者として――一五一五～二二

インディアスの実情報告と改革

一五一五年七月中旬頃、サント＝ドミンゴに到着したラス＝カサスはペドロ＝デ＝コルドバ神父と会見し、神父から、スペインの宮廷ではブルゴス司教フワン＝ロドリゲス＝デ＝フォンセカと国王秘書のロ－ペ＝デ＝コンチ－リョスがインディアス関係の実力者として権勢をふるい、両名とも不在エンコメンデロとしてインディアスから莫大な収益を得ている事実を知らされ、さらに国王フェルナンドの存命中はインディアスの改革に多くを期待できないと告げられた。しかし、エンコミエンダがインディオを破滅へ追いやっている現状とインディアス改革の必要性を直接国王に訴えるというラス＝カサスの決意はゆるがず、コルドバから全面的な支援の約束を取りつけてから、一五一五年九月、モンテシーノスとともにスペインへ向かった。

以後、ラス＝カサスは帰天するまでの約半世紀間、征服戦争とエンコミエンダ、それにインディオの奴隷化によって、数知れない先住民の生命が奪われていることを国王に直諫（ちょくかん）し、大規模な改革を求めつづけることになる。そしてその間、彼は在俗司祭から修道司祭、司教へと聖職者の道を歩みつづけながら、宮廷においては精力的な政治家として活動する。すなわち、ラス＝カサスは三人のスペインの君主を前にインディオの大義を弁じ、同じく三人のローマ教皇を相手に、布教方法をめぐるその裁定に影響を与えつづけた。さらに、その間、彼はおびただしい数の文書を認め、数知れない審議会に出席し、インディオ保護法の起草に参与し、七回も大西洋を横断し、半生を被征服者の自由と正義を守るために捧げることになる。そして、この度の航海はインディアスの改革をめざすその活動の第一歩を印すものだった。

同年一〇月六日、ラス＝カサスはセビーリャに到着、一二月二三日、フェルナンド王に謁見し、エスパニョーラ島はじめアンティール諸島のインディオが置かれている悲惨な状況を詳しく伝え、スペイン人植民者を告発した。しかし、そのときすでに国王は病に臥していたため、ラス＝カサスはインディアス関係の実力者であるコンチーリョスとフォンセカに実情を報告し、改善策を提案した。しかし、二人ともインディアスの改革にはほとんど関心を示さず、それどころか、ラス＝カサスを「お人好しの愚か者」と詰った。廷臣たちの無関心な態度に憤りと失望を味わったラス＝カサスは国王に再度謁見して実情を報告し、改革の実行を求める決意を固め、フェルナンド王が療養のために向かう予定になっていたセビーリャへ赴いたが、国王との再度の謁見は見果てぬ夢に終わった。一五一六年一月二三日、フェルナンド王は崩御したのである。

その結果、ラス＝カサスは新しいスペイン国王カルロス一世に実情を報告するため、当時国王が滞在していたフランドルへ向かうことに決め、同年二月末、セビーリャを去り、マドリードへ向かった。マドリードで、彼は、フェルナンド王亡きあと摂政としてカスティーリャ・レオン王国を治めていたトレドの大司教フランシスコ＝ヒメネス＝デ＝シスネロス（フランシスコ会）と、新国王カルロスのかつての私教師で、当時シスネロスの補佐を務めていたユトレヒトのアドリアン（のちのローマ教皇ハドリアヌス六世）に謁見し、覚書を提出した。それが現存するラス＝カサスの最初の文書であり、その

シスネロス

なかで、彼は王室官吏の腐敗とインディオに対するスペイン人の非道な行為を告発し、インディアス関係の勅令が遵守（じゅんしゅ）されていない旨を報告した。その結果、シスネロスとアドリアンから、フランドルへ赴く必要はないと知らされた。彼らが事態の解決にあたることを約束してくれたのである。そして、ラス＝カサスはシスネロスの要請を受けて、インディアスの改革案を作成することになった。

インディアス改革の覚書『一四の改善策』　同年三月中旬、ラス＝カサスはモンテシーノスらの協力を得て、『一四の改善策』*Catorce remedios* と題する、インディアスの改革に関する最初の覚書をシスネロスに上申した。その一四項目の中で、彼が強調したのは以下の項目だった。

㈠インディオの強制労働を中止すること。

㈡スペイン人個人に対するインディオの分配を中止し、スペイン人の居留地の周辺に自給自足的

なインディオの集落を新しく建設すること。そして、インディオは監督官のもと、共同して農作業や金の採掘に従事するが、監督官は農作物や金を一切入手してはならないこと。インディオの各村には荷役用のための駄獣と、牛、豚、羊、馬などの家畜を支給すること。

(三)スペイン人の町にカスティーリャ人農夫を四〇名ほど妻子と共に派遣し、彼らにそれぞれ、五つのインディオ家族を割り当てること。

(四)各島に清廉潔白な聖職者を一名派遣し、彼にはインディオに不正を加えたり、苛斂誅求（かれんちゅうきゅう）をはたらくスペイン人を処罰する権限を与えること。

(五)カスティーリャに身を置いてインディアスおよびインディオ関係の業務に関係する人は例外なく、インディオの村やインディオの生産物から利益を得てはならないこと。

(六)インディオを島から島へ移送して使役することを禁じること。

ラス＝カサスは自らの改革案の実現可能性を信じて疑わず、『一四の改善策』を結ぶに当たり、こう記した。

「インディアスにおけるこれまでの長い歴史が証明しているとおり、以下に挙げる三項目の改善策、すなわち、地域共同社会を建設し、第三番目の改善策で記したように、インディオをスペイン人農夫に割り当て、インディオにスペイン人が到来する以前と同様の自由を与えないかぎり、インディオを救済することも、現在神に対して行われている甚だしい冒瀆（ぼうとく）を阻止することも、国王がしかるべき収入を手に入れることもまったく期待できません。」
　このように、ラス＝カサスは自由なインディオを王室直轄下に置き、彼らに国王へ租税を納めさせることにより、生き残ったインディオたちを救済しようと考えた。

ヒエロニムス会士とともに　アンティール諸島におけるインディオ人口の激減とインディオの置かれている悲惨な状況を知ったシスネロスはラス＝カサスの計画、すなわち、インディオ集落とスペイン人居留地からなる地域共同社会の建設をめざした新しい植民計画を実行しようと考えた。シスネロスはラス＝カサスの改革案を受けて、同年七月、マドリードに審議会を召集し、審議会はインディアスの実情調査と具体的なインディオの待遇改善策の検討と立案を任務とする調査団の派遣をシスネロスに答申した。シスネロスは答申を受けて、実情調査団としてヒエロニムス会士を派遣することを決定し、同年九月三日、暫定的だが、ヒエロニムス会士にアンティール諸島の実質的な統治権を与え、エスパニョーラ島に到着後、不在エンコメンデロを含め、すべての王室官吏の所有するインディオを解放し、エスパニョーラ島の官吏の執務状態を調査する旨を命じた。さらにその後、九月一三日、シスネロスは植民地社会の改革に関する一連の訓令をヒエロニムス会士に与えたが、その訓令書には、ラス＝カサスが提案した地域共同社会建設計画が盛り込まれていた。
　一方、ラス＝カサスには、ヒエロニムス会士の言動を注意深く監察し、インディオの救霊ならびに正当な待遇に関する意見や助言を彼らに与え、状況を細大漏らさず王室に報告することが命じられ、同時に「インディオ保護官」という肩書きが与えられた。すなわち、ラス＝カサスは今流に言えば、オンブズマンに似た役目を負った最初の人物となり、以後一六世紀を通じて、数多くの聖職者が「インディオ保護官」に任命された。しかし、「インディオ保護官」という官職は俸給が少なく、その管掌業務や権限も明確に規定されず、曖昧だったので、「保護官」はしばしば植民地当局や植民者と権限をめぐって激しく対立した。

ところで、訓令書はラス＝カサスの『一四の改善策』にもとづいて作成されたとはいえ、鉱山労働に従事するインディオの年齢と数、新しく建設される村の人口、それにカリブ人の奴隷化承認の項目からも分かるように、彼の主張を全面的に採用したものではなかった。事実、ラス＝カサス自身、のちに『インディアス史』の中でその訓令に異議を申し立てている。しかし、それ以上に彼を落胆させたのは、シスネロスが、その訓令が実行できないことを見越して、ヒエロニムス会士に別の訓令を密かに与えたことだった。すなわち、シスネロスは「村を建設し、インディオに文明的な生活を送らせるという最初の改善策を実行に移すのが困難で、今なお、これまでと変わらず、インディオを委託するのが適切だと判断される場合には」、エンコミエンダを継続すべきだと命じていたのである。

ヒエロニムス会士の無策を訴えるために

結局、一五一六年一一月一一日、ラス＝カサスとヒエロニムス会士たちはセビーリャを出航し、エスパニョーラ島へ向かった。同年一二月二〇日、ヒエロニムス会士たちはサントードミンゴに到着したが、新しい統治官たち（ヒエロニムス会士）を迎えて、植民者の不安は募り、町には、反乱が勃発しかねないほど、不穏な空気が漂っていた。状況を察知したヒエロニムス会士たちは当初から、ラス＝カサスの植民計画を盛り込んだ訓令の実施は不可能だと判断し、インディオを引きつづき鉱山労働に従事させるよう命じるとともに、インディオの解放を行わない旨を決定した。つまり、ヒエロニムス会士たちは植民者に迎合した施策を次々と実行に移すだけで、ほとんど改革らしきものに手をつけなかった。それどころか、彼らは、ルカーヨ（現バハマ）諸島への奴隷狩り遠征に激しく抗議したラス＝カサスを誹謗する書簡をシスネロスに書き送った。そうして、エンコミエンダの廃止を強く訴えるラス＝カサスはヒエロニムス会士のみならず、植民地官吏や大勢の植民者を敵に回し、やがてその対立はラス＝カサスがドミニコ会士たちの勧告にしたがって修道院で夜を明かさなければならなくなるほど、険悪なものになった。

一方、ヒエロニムス会士からラス＝カサスを批判する手紙を受け取ったシスネロスは、抵抗すれば、鎖を付けてでもラス＝カサスをスペインへ送還するよう命じたが、それはラス＝カサスの知るところではなかった。そのときすでに、彼はエスパニョーラ島にはいなかったからである。すなわち、ヒエロニムス会士にはシスネロスよりインディアスの統治権を与えられていたが、「インディオ保護官」の肩書きをもつラス゠カサスには、彼らの助言者、補佐としての役割しか認められていなかったので、彼はペドロ゠デ゠コルドバらと相談し、ヒエロニムス会士たちの改革に対する無為無策ぶりをシスネロスに告発するため、スペインへ帰国する決意を固め、一五一七年六月初頭、コルドバ以下九名のドミニコ会士と一二名のフランシスコ会士（フランドル地方出身）が連署した、枢機卿シスネロスあてのラテン語の信任状（一五一七年五月二七日付け）と国王あてのコルドバの書簡（同年五月二八日付け）を携えてサントードミンゴを後にしていたのである。

そのラテン語の信任状はヒエロニムス会士の無策ぶりを告発し、早急なる改革の実施を求めたものだが、同時に、ラス゠カサスをインディアスの事情に通じた熱意あふれる改革者として公に推薦した最初の貴重な文書である。同じく、コルドバもその書簡で、ラス゠カサスを有徳の士、真実を愛する人物と高く評価し、ラス゠カサスの報告には全幅の信頼を置くことができると国王に確約した。二通の書簡は、ラス゠カサスが帰国後、宮廷においてインディアスの改革を求める運動をくり広げるのに大いに役立った。

カルロス一世への訴え

一五一七年六月末、ラス゠カサスは順調な航海ののちセビーリャに到着し、枢機卿シスネロスに会見するため、マドリードを経由してアランダーデードゥエロへ向かったが、シスネロスが病床に臥せていたため、会見は短時間しか許されなかった。その後、余命いくばくもないシスネロスとの交渉を諦めたラス＝カサスは、改革の必要性を国王カルロス一世（当時フランドルに滞在）に訴える決意を固め、九月中旬、バリャドリードへ向かい、同地のサン＝パブロ修道院（ドミニコ会）に身を寄せ、国王の到着を待った。カルロス一世はジャン＝ル＝ソヴァージュ、ギヨーム＝ド＝クロア（シェーヴル侯）など、フランドル人の廷臣に取り巻かれ、一五一七年九月、スペイン北西部のバスク地方に上陸、一一月一八日、バリャドリードに入城し、母后フワナとともに国の統治を始めた。ラス＝カサスはエスパニョーラ島を去るに当たって手に入れた一二名のフランシスコ会士とドミニコ会士の署名入りの信任状やペドロ＝デ＝コルドバの国王あて書簡を頼りに宮廷で活動を開始し、コンチーリョスやフォンセカなど、アラゴン派の廷臣たちの対インディアス政策、とくにインディオ問題に対する盲目ぶりを批判し、インディアスの実情をつぶさに訴えて、とくに国璽尚書（こくじしょうしょ）ジャン＝ル＝ソヴァージュの信任を得るのに成功した。

そうして宮廷で信頼を獲得したラス＝カサスは対インディアス政策の助言者として重用され、インディアス会議（一五一〇年にカスティーリャ枢機会議内に設置された「新大陸」関係の業務を管轄する機関。一五二四年、独立してインディアス枢機会議となる）にあてて浩瀚（こうかん）な『島嶼（とうしょ）部とティエラ＝フィルメの改革に必要な改善策に関する覚書』*Memorial de remedios para la Tierra Firme* を提出し、植民地社会の改革を求めた。「インディオの代理人」と自署したその覚書で、ラス＝カサスは、すでに述べた『一四の改善策』と異なり、鉱業よりも農業を重視する植民地体制作りの重要性を訴え、インディオの強制労働の禁止、エンコミエンダの廃止、黒人奴隷の導入、要塞兼通商を目的とする居留地の建設などを骨子とする植民地社会の改革案を提示した。

さらに、この覚書では、『一四の改善策』と異なり、ラス＝カサスの関心はエスパニョーラ島やキューバ島を中心としたアンティール諸島からティエラ-フィルメ（現在のベネズエラ海岸部とコロンビア、パナマ一帯を指す）へ移っていた。それはアンティール諸島がすでに荒廃しているのに対して、スペイン人によるティエラ-フィルメの植民化は緒について日が浅く、スペイン人による破壊を阻止する可能性が残されているという認識にもとづいていた。それは、「いまや二〇〇〇レグワ以上に及ぶ島々はことごとく破壊され、そこから国王はほとんど収入を得られないが、海岸に沿って三〇〇〇レグワ広がり、金や真珠が豊富に産出されるティエラ-フィルメも、早急に改善策を講じないと、荒廃してしまう」という文章からも窺える。ラス＝カサスがそのように改革の対象地域をティエラ-フィルメへ拡大もしくは移したのは同地方で布教活動に従事していたペドロ＝デ＝コルドバやフランシスコ会士からの情報と示唆によるところが大きかった。

農民移住策

いまひとつ重要な提案は農民の移住を奨励していることである。確かに、『一四の改善策』においても、ラス＝カサスは農民の移住を提案したが、その場合、彼が考えたのはインディオとスペイン人農民の協働体制の確立だった。しかし、一五一八年の覚書では、ラス゠カサスは協働体制には言及せず、移住そのものに重点を置いた。つまり、彼は移住希望者に対する国家からのさまざまな特権授与の必要を説き、インディアスの植民化を国家事業と考えていた。

ラス゠カサスの提案した改革案で受け入れられたのはアンティール諸島への農民の移住策だった。つまり、同年九月一〇日、国王カルロス一世はインディアスに渡航する農民に対してさまざまな特権と特典を約束する勅令、すなわち、《インディアスに渡航する農民に与えられる恩典並びに権利》と題される勅令をサラゴサで発布したのである。国王は引きつづき、セビーリャの通商院（一五〇三年に設置されたインディアス関係最初の官僚機構で、当初は通商や渡航関係の業務を担当）の財務官あてに詳細な訓令を発布し、計画実行に支障のないよう、十分な配慮を求める一方、カスティーリャの地方当局者、司法官、司教、教会関係者および植民地在住の王室官吏にあてて、ラス゠カサスの計画の実施を支援するよう通達した。そうして、一〇月中旬、ラス゠カサスはカスティーリャ地方で農民募集の仕事を開始した。

しかし、様々な障碍（しょうがい）に直面して、募集は思うように進捗（しんちょく）せず、結局、彼は計画の実施を諦めなければならなくなった。その原因については、イニゴ゠F゠デ゠ベラスコのような大貴族が計画に反対したためだとする説もあれば、農民募集の協力者ルイス゠デ゠ベリオの離反を原因のひとつとみなす説もある。いずれも計画中止の原因として無視できないが、ラス＝カサス自身の証言によれば、最大の理由は、一五一八年九月一〇日付けの国王の勅令《インディアスに渡航する農民に与えられる恩典並びに権利》に記載された、「島に上陸後、農民が安心して生活を送れるようになるまで、彼らに国王の直轄地を与えて利用させ、その生活を保証する」という規定の実施が困難になった事実にある。ヒエロニムス会士たちが直轄地を植民者に売却してしまっていたからである。したがって、ラス＝カサスは農業移住者の生活が保証されないかぎり、植民計画の実施は困難だと判断し、農業植民計画の実行を諦めたのである。

カルロス一世

ティエラ-フィルメの植民計画

エスパニョーラ島への農民移住策の実施を諦めたラス＝カサスは時を移さず、ティエラ-フィルメにおける植民計画を自ら実施しようと考え、一五一九年三月頃、新しい国璽尚書メルクリーノ＝デ＝ガティナッラにティエラ-フィルメの改革を目的とした覚書を提出した。その背景には、当時クバグア近郊で布教活動に従事していたペドロ＝デ＝コルドバがラス＝カサスに書簡を送り、ティエラ-フィルメにおいてスペイン人の入植を禁止し、ドミニコ会とフランシスコ会の伝道師だけで植民化および平和的な改宗化を実行するため、その土地の譲渡を国王と交渉するよう依頼していた事実があった。コルドバはその書簡の中で、もし土地が譲渡されなければ、伝道師をティエラ＝フィルメから引き揚げさせると、かなり厳しい調子で、武力行使を伴わない平和的な植民化案の承認を求めていた。と言うのも、ドミニコ会士はクバグア近郊のチリビチ、フランシスコ会士はクマナー（いずれも現ベネズエラの北岸に位置する）に、それぞれ小さな修道院を建設して布教活動に従事していたが、奴隷狩りや無法をはたらくスペイン人に悩まされ、思いどおり改宗事業が進捗しなかったからである。

ラス＝カサスはインディアス会議で、コルドバの請願の承認を求めたが、聖職者に土地を譲渡しても国王の利益にならないと主張するフォンセカ一派に遮（さえぎ）られて、目的を達成できなかった。そこで、ラス＝カサスは奴隷狩りの禁止や植民活動における伝道師の役割の重視など、コルドバの植民計画にもとづいて独自の詳細な平和的植民計画を練り、自らそれを実行しようと考えた。

ラス＝カサスがガティナッラに提出したティエラ＝フィルメの改善策に関する覚書では、海岸部一〇〇〇レグワに沿って一〇〇レグワごとに建設される要塞＝通商居留地に移住するスペイン人キリスト教徒に対するさまざまな特権の付与、とりわけ彼らを「金色の拍車の騎士」に叙することや、計画実施に必要な資金をインディアス在住の裕福かつ清廉潔白な植民者からの融資で賄い、出資した植民者には多くの特権、恩典を授けることなど、スペイン人植民者の協力と彼らに対する優遇措置が細かく記されていた。つまり、ラス＝カサスはインディオの物質的および精神的救済のみならず、王室の収入の確保――植民開始後三年で歳入は五万ペソ、六年後には一〇万ペソになると予測――と植民者の利益をも考慮にいれて、植民計画を作成した。

したがって、それは、彼がインディオの救済を主要な目的として植民地社会の改革案を記した『一四の改善策』とは異なり、かなり国王や植民者の立場を配慮したものになっている。ラス＝カサスがそのような現実に妥協する計画を提案したのは、フォンセカやコンチーリョスなどとの接触を通じて、対インディアス政策の決定過程において最も重要視されたのが経済的利益であることを認識した結果だが、同時に、インディアスの実情がインディアス会議員や国王側近に正確に把握されていないこと、植民地の役人間で対立が生じ、インディアスにおいて法令や勅令が遵守されていないことなども、植民計画の内容に変化をもたらした原因だった。当時を振り返って、ラス＝カサスは『インディアス史』にこう弁明している。

「私は、彼ら（フォンセカら）が福音、すなわちイエス＝キリストを金銭で売ろうとし、また、キリストを鞭打ち、平手打ちにし、はりつけにしているのを目撃して以来、キリストを買い戻そうと決意した。それで、私は……国王のために莫大な収益と世俗的な利益を確保する計画を提案した。」

（三―一三八）

ラス＝カサスはその植民計画実施の許可を得るため、宮廷で活発な活動を行うことになるが、その間、計画に反対する一派との衝突は避けられなかった。ラス＝カサスの植民計画に激しく異議を唱えたのは、インディアス会議の実力者フォンセカの支援を受けたゴンサロ＝フェルナンデス＝デ＝オビエド（一四七八〜一五五七）である。金溶解の監視官などの肩書きでインディアスへ渡航したオビエドはダリエン地方（現パナマ）のエンコメンデロとして過ごしたのち、スペインへ帰国、コンチーリョス、フォンセカからの保護を受け、植民者に有利なインディアス改革の計画案を暖め、一五一九年七月、すなわちカルロス一世が神聖ローマ皇帝（カール五世を名乗る）に選出された頃、ラス＝カサスに対抗して、インディアス会議にティエラーフイルメの植民計画案を建議していた。

ラス＝カサスは、インディオにはキリスト教に改宗して国王の立派な臣下になる能力が備わっているという前提のもとに植民計画を立案したが、オビエドは、インディオが獰猛かつ好戦的な性格を備えていることを理由に、インディアスの統治は軍人に任されるべきだと論じ、互いの主張はまったく相容れなかった。インディオ認識に見られるそのような両者の対立はその後ますます先鋭化していくことになる。

植民計画の許可

ラス＝カサスは計画を実行するため、グァイアナからホンジュラスにいたる一〇〇〇レグワの海岸部とその内陸地方の土地の下賜を国王に求めた。計画によれば、その土地には、ラス＝カサスの許可なしに、一般のスペイン人、兵士も植民者もいっさい入植できず、土地は彼が農民とともに平和裡に植民することになっていた。そうすれば、ダリエンやパナマから、残虐非道な圧制者ペドラリアス＝ダビラ一味を追放し、ラス－ペルラス海岸地方で福音活動に携わっていた修道士たちを暴力から庇護できると考えたからである。

ラス＝カサスの植民計画が許可されたのは同年一二月中葉のことで、それは、ラス＝カサスがバルセロナで国王カルロス一世の臨席のもと、ダリエン司教フワン＝デ＝ケベド（フランシスコ会）を相手にインディオの能力をめぐって激しく論争したのちのことだった。そして翌一五二〇年中旬、カルロス一世はティエラ－フィルメの発見および植民に関する協約書に署名し、ラス＝カサスには、計画実施のために、ドミニコ会士とフランシスコ会士が布教活動を行っていたパリア地方（クマナー）からサンタ－マルタ地方にいたる海岸地帯、距離にしてほぼ二六〇レグワの土地が与えられた。

その植民計画は王室に経済的負担をいっさいかけずに実行されることとされ、国王は植民化による収益をもとに病院を建設し、最初の一〇年間の交易品購入代金や領土の治安維持にかかる諸費用、それにラス＝カサスおよび彼に随行する五〇名の農民と修道士の八ヵ月間の生計維持費などを負担することになっていた。結局のところ、ラス＝カサスのティエラ－フィルメ植民計画は三者、すなわち、インディオと植民者と国王の物質的かつ精神的利害の妥協を図ったものだった。

クマナーの悲劇

同年一二月中旬、ラス＝カサスはおよそ七〇名の《質素で温和なインディオと交流するのにふさわしい、ごく普通の慎ましい》農民や聖職者ブラス＝フェルナンデスとともにセビーリャを後にし、サン-フワン島（現プエルトーリコ）へ向かった。航海は順調に進み、翌一五二一年二月初旬、一行は島に到着した。その時、ラス＝カサスは、自分が国王より授かった領域に位置するチリビチとマラカパーナ沿岸に住むインディオが四、五ヵ月前にアロンソ＝デ＝オヘダによる奴隷狩りを契機に決起し、同地方で布教活動に従事していたフランシスコ会士とドミニコ会士を襲い、二名のドミニコ会士を殺害したこと、そして、その報復措置としてサント-ドミンゴのアウディエンシア（植民地において司法および行政を司る機関）が派遣したゴンサロ＝デ＝オカンポ麾下の懲罰遠征隊がサン-フワン島へ向かっているという情報を受け取った。

そこで、ラス＝カサスは艦隊の到着を待って、指揮官オカンポと会談し、ティエラ-フィルメが国王より自分に譲渡された土地であることを伝え、遠征の中止を強く要請した。しかし、オカンポは、自分はアウディエンシアの命令に従うと答えて、ラス＝カサスの要請を拒否し、三月一日、ティエラ-フィルメへ向かった。オカンポが出航して約一ヵ月間、ラス＝カサスは植民参加者五〇名の募集に従事したが、思うように集まらなかったので、結局、オカンポの懲罰遠征の不当性を訴えるため、スペインより帯同した農民をサン-フワン島に残して、アウディエンシアの置かれたサント-ドミンゴへ向かった。しかし、アウディエンシアはラス＝カサスの要請を審議したものの、決定を下さず、むしろ、彼がティエラ＝フィルメへ向かうのを阻止するような策を次々と打った。

そうこうしているうちに、オカンポの艦隊がマラパカーナからインディオ奴隷を積んでサント＝ドミンゴへ帰港したので、ラス＝カサスはアウディエンシアを前に、スペインへ帰国して国王に実情を報告すると訴え、強硬に抗議した。しかし、サント＝ドミンゴには、ラス＝カサスの植民計画を強力に支持してくれるような官吏も植民者もいなかった。その結果、彼は政治的にも経済的にも苦境に追い込まれ、一五二一年七月、植民地の権力者と妥協せざるを得なくなった。

つまり、ラス＝カサスのティエラ＝フィルメへの渡航に必要な船の用船料、食糧費、その他諸経費は当局が負担することになり、一方、ラス＝カサスはオカンポの率いる懲罰遠征隊に参加した三〇〇名のうち一二〇名を引き受け、その土地の治安維持に従事し、そのあとで農民による平和的な植民化を実行し、伝道師はインディオの改宗化に携わることになった。さらに、植民化によって得られる収益の配分がこと細かく定められたが、その収入源の中に、真珠採集、金の採掘や交易と並んで、奴隷売買が含まれていた。すなわち、ラス＝カサスは、非友好的なインディオと考えられたカリブ人に対して、スペイン人が戦争を仕掛け、彼らを奴隷化するのを容認したのである。明らかに、それは従来の彼の主張に反していた。それほど、ラス＝カサスは切迫した状況に追いつめられていたのである。彼は当時の態度を反省をこめて、次のように『インディアス史』に書き綴っている。

「聖職者（ラス＝カサス）は苦境を脱するために、それらの条件を受け入れたが、そのとき、彼は罪を犯すことも、インディオに害を及ぼすこともなく、また、彼が国王から委託された主たる仕事、すなわち、インディオへの伝道活動を損なうことなく、万事が首尾よく運ぶだろうと考えていた。」（三―一五七）。

七月末、ラス＝カサスはサント＝ドミンゴを去り、スペインから帯同した農民を残してきたサン＝フワン島へ向かった。しかし、すでに島には農民たちはいなかった。ラス＝カサスの不在中、彼らは生活苦に喘ぎ、植民者たちの反ラス＝カサス運動に唆されて、平和的植民事業への参加を放棄し、フワン＝ポンセ＝デ＝レオンが組織したフロリダ遠征や、近隣諸島への奴隷狩り遠征などに参加して島を離れてしまっていたのである。ラス＝カサスはやむを得ず、八月中旬、聖職者ブラス＝エルナンデスら、わずかなスペイン人と一〇名のインディオを伴い、ティエラ＝フィルメのクマナーへ向かった。そして、同地で伝道活動に従事していた数名のフランシスコ会士の協力を得て平和的植民計画の実施に着手した。

しかし、スペイン人が真珠採集の拠点であるクバグワ島からしばしば水の補給を口実にクマナーを訪れては、計画の実行を妨げたので、同年一二月末、ラス＝カサスはフランシスコ会士たちと協議の結果、アウディエンシアに実情を訴え、善処を求めることになり、サント＝ドミンゴへ向かった。

しかし、ラス＝カサスがクマナーを離れて二週間近く経過した頃、同地方のインディオが決起し、居留地にいたスペイン人を数名殺害し、さらに、修道院を荒らし、農園を破壊するという事件が勃発した。その事件で、スペインからラス＝カサスに同行したフランシスコ会士一名と数名のスペイン人が殺された。ラス＝カサスが事件を知ったのは一五二二年三月初頭のことで、そのとき、彼は、クマナー植民計画が完全に挫折したことを悟り、ティエラ-フィルメの平和的な植民計画の実施を諦めた。しかし、クマナー植民計画の挫折を認めたとはいえ、ラス＝カサスは理念までを放棄したわけではなく、条件さえ整えば、必ず実現できるものと確信していた。

II 修道士として

修道士となって――一五二二～三五

第二回目の《回心》

クマナーの植民計画が悲劇的な結果に終わり、反ラス＝カサス感情がサントードミンゴ市に渦巻く中、ラス＝カサスが身を寄せることのできる場所はペドロ＝デ＝コルドバをはじめ平和的植民計画を支持してくれたドミニコ会士たちのいる修道院しかなかった。そして、彼はドミニコ会士たちと話を交わすうちに、クマナーの実験統治が挫折した原因を冷静に分析し、挫折を神より下された裁きだと結論づけるにいたった。ラス＝カサスは当時を振り返って『インディアス史』の中に次のように告白している。

「聖職者（ラス＝カサス）は、自分を援助し、支持した人たちが神への奉仕や、その地方で死に絶えた人々（インディオ）の魂を獲得することに熱意を抱かず、ひたすら富を得て裕福になろうとする欲望に駆られていたのを知りながら、彼らと手を組んだため、神が罰と苦しみを与えようとなされたのだと考えた。彼はひたすら神への奉仕を願って求めたきわめて精神的な事柄と目的、すなわち聖職者を助け、彼らとともにキリストの信仰と教えをあの人たちに説いて光明を与えるという、清らかな目的を、人間的な、いや、非人間的で、イエス＝キリストの定めた方法とはまったく不釣合

いな、穢れた、不浄な世俗的な手段を用いて汚したので、神の怒りを買ったのである。」（三一一五九）

さらに、ラス＝カサスは、自分がクマナーで生命を落とさずにすんだのは奇跡、つまり、神が彼の良き意図を配慮されて慈悲を示された結果だと考え、平和的植民化および改宗化の考えが間違っていないことを確信した。ラス＝カサスがそのように事実を冷静に受け止め、平和的改宗化の正しさを確信するにいたった背景には、とくに、ドミニコ会士ドミンゴ＝デ＝ベタンソスの熱心な説諭があった。ベタンソスはラス＝カサスに、インディオの擁護とキリスト教化、それにインディアスの改革を実現するためには、ペドロ＝デ＝コルドバ（一五二一年五月に他界）のように、世俗の人たちといっさい妥協してはならないと告げ、さらに、司祭としての職務に励むよう強く求めた。すなわち、ベタンソスはラス＝カサスに、ドミニコ会への入会を強く勧め、そうすれば、新しい「生活」、「道」が開かれ、世事に悩まされることもなく、インディオの保護とインディアスの改革のための活動をつづけることができると諭した。その結果、一五二二年九月、ラス＝カサスは齢三六歳にしてドミニコ会に入り、一年間の修練期間を経て翌年の九月頃、誓願を立て、修道院長トマス＝デ＝ベルランガの手で修道士に叙品された。これがラス＝カサスの第二回目の《回心》である。

ラス＝カサスは当時の模様を次のように書き残している。

「司祭（ラス＝カサス）が修道服を着用するのを心から希望すると、修道士たちは大歓迎し、大喜びで修道服を与えた。サンクト＝ドミンゴ市の、そして、インディアス全域の人々がそのことを聞くと、修道士たちに劣らないほどの喜びようだった。ただし、修道士と世俗の人たちの間では、それぞれの喜び方と喜びの目的はまったく異なっていた。なぜなら、修道士たちの喜びは精神的なものであり、彼らが愛徳によって愛している人物が〔修道士になるという〕回心の善を行うことに対してであった。他方、世俗の人たちの喜びの原因は、彼らがただもっぱら邪悪な現世的利益から行っていた、また、行おうとしていた略奪行為を、いつも妨害しつづけていたその張本人が今後、彼らの目の前からいなくなるのを知ったからで、彼らは、まるでその人物が埋葬される姿を見ているかのような大変な喜びようだった。」（三―一六〇）

つまり、ラス＝カサスがドミニコ会士になったことを知って、植民者たちは一同、さながら悪夢から解放されたかのように、安堵したのである。事実、ラス＝カサスはその後しばらく、政治的舞台から退き、征服者や植民者を悩ますことがなかった。彼はドミニコ会士として厳格かつ質素な修道生活を実践し、神学や法学などの学問研究に従事しなければならなかったからである。しかし、この第二回目の《回心》は、かつて義憤に駆られてエンコミエンダのインディオを解放し、インディオ擁護の運動に身を投じたラス＝カサスを、神学・法学理論で身を固めた「インディオの使徒」へ大きく変貌させる重要な契機になった。

トマス＝アクィナス

ラス＝カサスは一五二六年九月頃までサントードミンゴのドミニコ会修道院で厳しい修道生活を送る間、聖書、教父の著作、キリスト教史、教会法などを学び、とりわけ、トマス＝アクィナスの『神学大全』を中心に神学の研究に携わった。中でも、ラス＝カサスの思想形成に大きな影響を及ぼしたのは、一五一八年八月に初版が刊行された枢機卿カジェタヌス（トマス＝ヴィオ）の著した《トマス＝アクィナス著『神学大全』第二論集第二部に関する注釈》と題される作品だった。カジェタヌスはその著作の中で、異教徒には三種類あると記し、事実上も法律上もキリスト教君主の支配下にいるもの（例……スペイン国王の支配下、スペインで暮らしているユダヤ教徒やイスラム教徒）、法律上はキリスト教君主の支配下にいるが、事実上はキリスト教徒の領土を占有しているもの（例……アフリカやハンガリーを占領しているトルコ人やモーロ人などの異教徒）と、事実上も法律上もキリスト教君主の支配下に入っていないもの（インディオ）に分類し、第三番目の異教徒に対しては、異教を奉じていることを理由に彼らから支配権を奪うのは不正であると論じていた。ラス＝カサスはのちに枢機卿のその主張にふれて、「この論述は未信者についてある類別を行うとともに、その当時まで人々が陥っていた無知の暗闇に、ごくわずかの言葉でもって光明を与えるものであった」と、高く評価し、くりかえし引用することになる。そして早くも、カジェタヌスの影響はラス＝カサスの処女作に現れる。

『布教論』の執筆

ラス＝カサスはサントードミンゴの修道院で神学・法学の研鑽を積むかたわら、平和的改宗化の原則を神学理論にもとづいて論証する作品の執筆に携わった。それは『すべての人々を真の教えに導く唯一の方法について』（三巻本）*De unico vocationis modo omnium gentium ad veram religionem*（以後『布教論』と略記）と題されるラテン語の神学作品であり、それには、その後のラス＝カサスの行動指針となる考えが開陳されている。インディアスにおける伝道活動の原則を神学理論に依拠して構築した最初の作品である『布教論』は、ラス＝カサスが一五二二〜二六年、修道院で黙想と研究生活に耽っていた頃に起筆し、その後いくらか修正・加筆を施して、一五四〇年以降に完成したものと考えられる。写本は四部あったと言われるが、現存するのはメキシコの旧オアハカ公立図書館所蔵のものだけで、しかも、その写本も完全なものではない（第一巻の五、六、七章のみ）。

ラス＝カサスによれば、「唯一の方法」とは、主イエスが「全世界へ行って、すべての創られたものに福音を宣べ伝えなさい」と使徒たちに告げられたときに定められた方法であり、「すべての創られたもの」には、当然、「理性を備えた有能なインディオ」も含まれた。そして、神が定められた「唯一の方法」とは、理性を介して悟性を動かし、意思を信仰の道へ導くことであり、その方法は、キリスト教と異なる宗教を奉じようと、堕落した習慣に耽っていようと、すべての人々に共通でなければならないと主張した。すなわち、彼は、いつの時代でも、暴力と強制は異教徒を導いてキリストの信仰を奉じさせ、信仰にしたがって生活を送らせる方法にはなりえないと考えた。

ラス＝カサスはとりわけ聖アウグスティヌス、トマス＝アクィナスなどの作品を引用し、信仰とは信じることであり、信じるという行為は理解を前提とすると論じ、異教徒にキリスト教の真理を信じさせるためには、まず説教の聞き手である異教徒の心が平静であること、そして、彼らがキリスト教の真理を評価し、十分に理解できるよう、時間的猶予を与えることが絶対条件だと論じた。彼は、異教徒がキリスト教に対して嫌悪感を抱き、反発するような事態が生じるのを最も恐れた。ラス＝カサスは、集団洗礼などの性急な改宗化や武力を伴う改宗化は異教徒を反発させるだけで、たとえそれで改宗したとしても、それは表面的な改宗にすぎないと考えた。したがって、ラス＝カサスは人間の第二の本性とも言うべき、善を行い、真実を知ろうとする自然な性向、つまりビルトゥ（力）を重視した。

ラス＝カサスはトマス＝アクィナスに従い、人々を信仰の道へ導くには、できるかぎり頻繁にキリストの教えを説くことが必要だと主張し、そうしてくりかえして説教を聞いているうちに、彼らの心の中に「彼らを信仰とキリスト教の真理へ導くようなビルトゥ、すなわち、素晴らしい習性が自然と生まれてくる」と論じた。すなわち、ラス＝カサスによれば、悪を退け、善を行うビルトゥは心が平静で、乱れていない状態においてのみ生まれ、暴力は人にビルトゥを与えない。彼は、「人の心は、平静であれば、理性の働きを遮ることはない」と断言した。

説教の方法と戦争

具体的な説教の方法に関して、ラス＝カサスは、説教には慈愛に満ちた精神が不可欠であり、改宗化は「雨や雪が穏やかに、優しく天から降り注ぎ、大地を湿らせていくように」時間をかけて、平和に行われなければならないと主張し、キリストが使徒たちに与えたのはすすんでキリストの教えに耳を傾けようとする人たちに対し信仰を説く許しと権限であり、したがって、強制的に教えを説くことはできないと論じた。つまり、彼によれば、伝道師は、もし平和的手段を用いても成果が得られない場合、その場を立ち去らなければならなかった。

さらに、彼は古代の権威、とくに四世紀の偉大な教会博士ヨアネス＝クリソストムスを引用して、説教が成功を収めるためには、伝道師は異教徒に対する支配権を求めず、いっさいの物欲を捨て、教えを説くのに優しく、謙虚で、しかも、模範的な生活を送らなければならないと主張した。つづいて、ラス＝カサスは当時「異教徒への伝道を任務とする人たちや、伝道を命じる人たちの一部が主張していた」、信仰を説くための手段としての戦争について論じ、「私はあなたがたを遣わす。それは、狼の群れに小羊を送り込むようなものだ」というイエスの御言葉を引用して、伝道活動において最も重要なのは武力ではなく、愛情（カリタス）であると訴えた。さらに、「武力にもとづいて強制された信仰が自発的な意思で信奉されつづけることはありえない」、「意思にもとづく信奉を実現するためには、一切の暴力行為が介在してはならない。悲しみ、怒り、恐怖、苦痛などの感情はそれを阻む要因である」など、七つの理由を挙げて、戦争を伝道活動を容易にする手段と見なす主張に論駁（ろんばく）を加えた。そして、彼は「そのような戦争を企て、しかも自分たちは、伝道師が信仰を教えるのに妨げとなるようなものを取り除くために戦っているのであって、強制的に信仰を受容させるためではないと主張する人々の言い分は馬鹿げていて、途方もないものである」と断じ、さらに、「そのような状況のもとで起こりうる事態と言えば、異教徒がそれ以上非道な所業が加えられるのを恐れて、偽って改宗し、同時にいつまでも遺恨を抱きつづけるということである。そのような方法はマホメットのそれと変わりがない」と結論づけた。

　ついで、ラス゠カサスは先記のカジェタヌスによる異教徒の分類に従って、異教徒を㈠キリスト教徒の間で生活し、キリスト教君主の支配に従属しているもの（スペインに住むユダヤ教徒やイスラム教徒＝ムデハル）、㈡法律に反してキリスト教徒の領土を奪って支配権を占有しているもの（エルサレム、アフリカ、ハンガリーにいるトルコ人やモーロ人などのイスラム教徒）、㈢背教者もしくは異端、㈣法律上も事実上もキリストの教会に従っていないもの（インディオ）の四つの種類に分類し、第四番目の異教徒、すなわちインディオに対する戦争を自然法、神の法、そして人定法に反する《恐れを知らない、不正で暴虐的な戦い》と断じ、厳しく非難した。彼によれば、そのような戦争を企てたり、何らかの形でその戦争に関与した人は自らの救霊を獲得するためには、害を受けた異教徒に対して賠償義務を履行しなければならなかった。

こうして、ラス＝カサスは聖書をはじめ、アリストテレス、聖アウグスティヌス、トマス＝アクィナスなど、古代から中世後期にいたる権威を数多く引用して、「伝道活動と戦争は両立しない」という主張と、「布教活動で最も重要なのは愛情である」という考えを開陳し、論証した。すなわち、彼は征服事業が進行する渦中に身を置きながら、キリスト教徒が押し進める、改宗化を目的とした戦争を否定し、異教徒の理性と意思を尊重して平和的改宗化の正当性を論じたのである。

『歴史』の執筆とインディオ擁護運動

ラス＝カサスは一年間の修練期間と三年に及ぶ神学者としての教育・研究期間を終えると、一五二六年九月、上長トマス＝デ＝ベルランガよりエスパニョーラ島北岸に建設予定の修道院の院長に任命され、プエルトープラタへ向かった。同地で、ラス＝カサスは修道院の建設に従事する一方、スペイン人植民者に説教を垂れたり、インディオに公教要理を教えたりして過ごしたが、一五二七年から、スペイン人の発見・征服事業の実態やインディアスの住民と文化、それに博物誌など、インディアス関係の事柄をくまなく記録する作品の執筆を開始した。

その作品はもともと『歴史』*Historia* という題のもと、ひとつのクロニカ（記録文書）として構想されたものだが、ラス＝カサスは晩年、それを二つの作品に分離することになる。そのひとつが「発見」以後のインディアスにおけるスペイン人の征服史を編年体で書き綴った『インディアス史』*Historia de las Indias*（三巻）であり、いまひとつが主としてインディオの優れた文化や習慣などを古代ヨーロッパの諸民族と比較しながら論じた『インディアス文明誌』*Apologética Historia Sumaria* である。

一五二八年もしくは二九年、プエルト－プラタ滞在中、ラス＝カサスはルカーヨ諸島から大勢のインディオが奴隷として運搬され、海岸地帯で死に絶えていく光景を目の当たりにしてインディアス枢機会議に数通の書簡を書き送った。そのうちの一通がスペインの宮廷に届き、一五二九年、スペインでインディアスの改革をめざす審議会が開催され、翌年八月、インディオの奴隷化を全面的に禁止する勅令が発布された。その頃すでに、ラス＝カサスはインディアスで布教活動に従事する伝道師の間だけでなく、宮廷でも、清廉潔白で模範的な修道士として知られていた。メキシコの被選司教フワン＝デ＝スマラガとトラスカラ（ヌエバ－エスパーニャ）司教フリアン＝ガルセスが一五二九年八月七日付けで国王の側近に、当時植民地当局と手を組んでインディオの奴隷売買やエンコミエン

スマラガ

ダの恣意的な没収と授与を黙認していたトマス＝オルティスをはじめとするメキシコのドミニコ会伝道団の改革を断行する適任者としてラス＝カサスを推挙していた。

こうして再びインディオ擁護の運動に乗り出したラス＝カサスは、一五三一年一月二〇日、インディアス枢機会議へ書簡を送り、インディアスの荒廃の原因は枢機会議員の任務怠慢にあると断じて、以下のように、彼らの責任を鋭く追及した。

「あなたがたは自身がその責任を負っているこれらの人々（インディオ）の改宗化に際して、なぜ狼を改心させるために羊を送らないで、羊をずたずたにし、破壊し、嘲り、脅かす血に飢えた、暴虐的で残忍な狼を送りこむのですか……キリストは狼を静めるために羊を説教師として送られたのであり、羊を失うため、また、激昂させるために獰猛な狼を送ったのではありません。世界中を見渡しても、この人たち以上に、キリストの支配を受け入れるのに従順で抵抗もせず、またその能力を備え、それにふさわしい人々はいないのです。」

同じ書簡で、ラス＝カサスはローマ教皇アレクサンデル六世の「贈与大教書」――一四九三年五月、ローマ教皇がスペイン国王にあてて発布した文書で、王室はそれによってインディアスの征服と領有が承認され、インディオのキリスト教化が義務づけられたと解釈した――をスペイン国王のインディアス支配を正当化する権原であると考え、《良心と思慮分別を備え、神を畏怖する人物》を派遣してインディオの改宗化を行うことがインディアスにスペイン人が進出する最大の目的であると主張した。

ラス＝カサスは「三〇年間も、インディオが年齢や性別に関係なく、スペイン人に焚殺されたり、獰猛な犬に投げ与えられたり、刺し殺されたりする悲惨な状況を目撃した人間として、また、一五年間以上もその改善策について研究・検討を行ってきた人間として」、当時の許容しがたい状況を正すための計画を上申したが、それには、クマナー植民計画の挫折から学びとった教訓が生かされていた。つまり、ラス＝カサスは植民者の利益確保にいっさい配慮を払わず、植民事業における聖職者の役割を強調したのである。

サントードミンゴへの召還

こうして、一五三一年初頭頃から、ラス＝カサスはプエルトープラタにおいてインディオに加えられている不正や越権行為を厳しく告発する説教を再開し、エンコミエンダの廃止と奴隷売買の不正を公然と訴えたため、植民地当局や植民者との対立を避けられなかった。そして、ついに、彼はアウディエンシアの命令でサントードミンゴへ召還されることになった。その間の経緯を、アウディエンシアはインディアス枢機会議あての書簡にこう報告している（一五三三年六月七日付け）。

「プエルトープラタにあるドミニコ会修道院にバルトロメー＝デ＝ラス＝カサスとかいう名の修道士が院長として滞在していました……この修道院長は町で何度か世間を騒がせるようなことや

人々を不安に陥れるようなことを行い、また、住民の間でインディオについていろいろと語り、彼らの心を動揺させました。さらに、彼は、ヌエバ＝エスパーニャへ渡ろうとする住民に向かって、あなた方は大罪を犯しており、良心があればインディオを所有することはできなかったはずだと言って脅かしたのです……さまざまな不都合な事態が起きるのを避けるため、私たちはドミニコ会の上長と相談して、その修道院長を当市（サント＝ドミンゴ）の修道院へ連れ戻すことにしました。そして、現在彼は当市に滞在しております。」

結局、ラス＝カサスはサント＝ドミンゴの修道院に蟄居（ちっきょ）し、二年間、説教を垂れるのを禁止された。その間、彼は『歴史』を書きつづけるのに必要な情報の収集に携わったが、一五三三年八月中旬頃、再び政治的活動を開始することになった。その契機になったのは、インディオのカシーケ、エンリキーリョ――ラス＝カサスはエンリケと表記――の「反乱」である。

エンリキーリョの「反乱」

エンリキーリョは幼い頃、フランシスコ会修道院で教育を受けた信仰心の篤（あつ）い改宗インディオで、スペイン語を話し、読み書きの才能にも優れたカシーケだった。彼は成人して故郷のバオルコに戻り、妻を娶り、エンコメンデロのフランシスコ＝デ＝バレンスエラに仕えて平和に暮らしていた。ところが、一五一九年、妻がバレンスエラに凌辱（りょうじょく）されるという事件が起きた。エンリキーリョは植民地当局にバレンスエラを訴え、正当な裁きを求めたが、当局は事件の調査すらせず、逆に、エンリキーリョはバレンスエラから度重なる脅迫を受けた。その結果、カシーケは部下のインディオと黒人奴隷を率いて山岳地方へ逃亡したのである。バレンスエラは一〇名ばかりのスペイン人を率いてエンリキーリョ一行の後を追ったが、戦いに敗れ、二名のスペイン人が落命した。その後、アウディエンシアの派遣した追討軍もインディオの反撃に会って敗走した。エンリキーリョ軍の勝利の知らせを聞いて、島中のインディオが大勢、スペイン人のもとを離れ、「反乱軍」に加わった。ラス＝カサスによれば、エンリキーリョの「反乱」は自己防衛のための正当な戦いであるばかりか、インディオが過去にスペイン人から受けた甚大な被害、不正、部下の死や土地の掠奪(りゃくだつ)に対して復讐を遂げるために行っている正当な戦争だった。

植民地当局は「反乱」を平定するため、多額の軍事費を投入してくりかえし軍隊を派遣したが、巧みな戦術と見事な統率力を発揮するエンリキーリョ麾下(きか)の「反乱軍」の前になす術がなかった。その結果、一五三二年七月、軍事費の捻出もままならなくなったサントードミンゴのアウディエンシアは「反乱」鎮圧の失敗をインディアス枢機会議に報告し、善処を求めた。事態を重く見た枢機会議はスペインから指揮官フランシスコ＝デ＝バリオヌエボ麾下、二〇〇名近くのスペイン人の派遣を決定した。バリオヌエボ一行は翌年二月二〇日頃、サントードミンゴに到着、その後数ヵ月間、エンリキーリョの探索をつづけ、ついに彼との会見を果たした。そうして、サントードミンゴの町に、ようやく和平が成立したという噂が流れた。ラス＝カサスが本格的に政治活動を再開したのはちょうどそのときである。

ラス＝カサスが一五三四年四月末にインディアス枢機会議にあてた書簡によれば、彼はすぐさま上長のもとへ赴き、インディオのカシーケたちとの長年にわたる交際の経験と、成立したと噂される和平の脆さを説明し、自分に「反乱」平定の任務を与えてくれるよう頼んだ。というのも、バリオヌエボはわずか一日余りエンリキーリョと会見し、国王からの大赦令を示しただけで、すぐにその難攻不落の山岳地方にカシーケを残したままサントードミンゴへ帰って来たからである。ラス＝カサスは「反乱」インディオたちの陣地を訪問するための密かな許可を手に入れ、仲間を一人連れて、誰にも知られることなく、サントードミンゴを離れた。

二人の修道士は約一ヵ月間、人里離れた山岳地方で、エンリキーリョと生活をともにし、「彼に従う隊長たち全員の告白を聞いたり、インディオの結婚式を執り行ったり、子供たちにキリスト教を教えたりして、徐々に、彼らから、スペイン人に対する恐怖心をぬぐいさり」、ついに友情を手に入れた。そうして、一五三三年九月頃、ラス＝カサスは平和裡にエンリキーリョをサントードミンゴへ連れ出すのに成功し、その後、カシーケは部下とともに新しい村を建設することになった。

一五年近くにわたる軍事遠征が果たせなかったことをわずか二人の修道士で、実現したことに自信を深めたラス＝カサスは「インディオをキリスト教に改宗させ、国王の忠実な臣下にする方法はもっぱら愛情と平和による」という信念をさらにいっそう強くした。

サントードミンゴへ戻ったラス＝カサスは一五三四年一月初頭、再び公然とインディオ奴隷の解放を訴え、奴隷貿易を許可するアウディエンシアの態度を厳しく非難し、植民地当局や植民者との対立を深めた。また同年一〇月、彼は宮廷のある人物にあてて、アンティール諸島のインディオがエンコミエンダや奴隷貿易、それにアウディエンシアの悪政によって蒙っている弊害と凄まじい人口減少の実態を報告し、改善策実行の必要性を訴える書簡を送ったらしい。そして、同年一二月末、ラス＝カサスは壊滅同然のエスパニョーラ島を去り、非道な征服戦争に歯止めをかける聖職者を必要としていた土地へ赴くことになった。つまり、彼はペルーで伝道活動に従事するため、新しくパナマ司教に叙階されたトマス＝デ＝ベルランガとともにサントードミンゴを後にし、パナマへ向かったのである。

平和的改宗をめざして――一五三五～四〇

ラス＝カサス一行は翌一五三五年一月中旬、パナマに到着し、そして、二月半ば、同地にベルランガらを残して、ラス＝カサス以下四名のドミニコ会士がペルーに向けて出帆した。しかし、パナマ出航後間もなく、ラス＝カサス一行を乗せた船は凪状態に苦しめられ、ペルーへ進むことができなかった。二ヵ月半近く、船は赤道付近を漂い、一行は飲料水と食糧の不足に悩まされた。結局、ラス＝カサスら修道士たちはやむを得ず針路を北にとってニカラグア方面へ向かうことに決め、四月末、ニカラグア南東部の海岸に上陸した。上陸後、ラス＝カサス一行はスペイン人の都市グラナダへ向かい、同地のフランシスコ会の修道院に身を寄せて植民者の信仰生活の世話をする一方、インディオの改宗化に従事した。彼はニカラグア滞在中にメキシコ市へ赴き、内紛にゆれるメキシコのドミニコ会の建て直しに協力し、同年八月、グァテマラの司教代理に任命された。そのとき以来、ラス＝カサスは植民者や征服者の非道な振る舞いからインディオを守るのに献身していた初代メキシコ司教フワン＝デ＝スマラガの知遇を得た。

征服批判の狼煙

その後、再びグラナダに戻ったラス＝カサスは一五三五年一〇月、宮廷の要人にあてて書簡を送り、フランシスコ＝ピサロによるインカ王アタワルパの財宝の掠奪とインカ王の処刑を厳しく糾弾し、征服批判の狼煙を上げた。ローマ教皇アレクサンデル六世の「贈与大教書」をスペイン国王のインディアス支配の唯一の権原とみなし、国王によるインディアス支配をインディオの幸福、繁栄と改宗化を実現するための手段と考えたラス＝カサスは進行中の征服について以下のように断じ、その不法性を説いた。

「……キリスト教徒は〈汝らに神の救いあれ〉といって野蛮な戦いを仕掛け、途方もない殺戮や掠奪を行い、ありとあらゆる蛮行に耽っているので、彼らインディオはキリストのことを神々の中で最も残忍で不正なものとしか考えていない。……キリスト教徒は無慈悲にも彼らにさまざまな害を加えるだけでは飽きたらず、彼らを絶え間ない労働に使役し、しかも、休息を与えようとしない。したがって、出産したばかりの女性はわが子を手にかけ、妊娠中の女性は死産する。彼女たちの言い分によると、労働と貧困に苦しめられているので、子供を育てることなどできないからである。……彼女たちに対しては、獣同然の配慮しか払われていない……こうして彼女たちは信仰の光に照らされることも、秘蹟を授かることもなく、死んでいくのである。」

このように、生まれてくる子供が背負わなければならない悲運を嘆いて、わが子を殺したり傷つけたり、あるいは、中絶したり死産するのは決して珍しいことではなく、それは過酷なスペイン支配に対するインディオ側の消極的な抵抗だった。その結果、インディオ人口は減少の一途を辿り、労働力としてインディオを必要とする植民者にとっても大きな打撃となった。

さらに、ラス＝カサスは、過去にニカラグアからペルーへ二万七〇〇〇名、パナマへ二万五〇〇〇名のインディオがそれぞれ、奴隷として運搬され、全員が死に絶えたと報告し、ニカラグアの荒廃の原因はインディアス枢機会議がインディオの奴隷化を認めたこと（一五三三年三月、パナマおよびグァテマラの植民者に対してインディオ奴隷化が許可された）にあると批判し、自然法、神の法、人定法に照らしてインディオの奴隷化は不正であると論じた。そして、同じ書簡で、ラス＝カサスはインディオについて以下のように書き綴った。

「インディオは信仰に刃向かうモーロ人のような人々ではなく、また、他人の物を所有したり、奪ったりするような人たちでもありません。さらに、彼らは私たちを殺害しようと待ち構えているわけでもありません。彼らはヤコブの弟子たちによってキリスト教に改宗させられる以前の私たちの祖先と同じ状況にいるのです。いや、その点では、インディオの方が私たちの祖先よりもはるかに優れているし、私たち以上に信仰を受容するのに適しているのです。」

これはラス＝カサスの基本的なインディオ認識を示したもので、そこにはすでに、コロン以来着々と創り上げられてきたインディオ像、換言すれば、植民地言説を真っ向から否定するラス＝カサス独自の視点を読み取ることができる。

ニカラグアでの平和的改宗化計画

さらに、ラス＝カサスは『布教論』で開陳した考えを実行に移そうと考え、同じ書簡に、グラナダ市近郊にある湖の南部デサグワデロ川流域（現サン＝フワン川流域）に居住する未征服のインディオの平和的改宗化計画を提案し、計画実行のために、修道士の許可なく伝道活動の地へスペイン人が入植するのを禁止し、違反すれば、死罪に処する旨を明記した勅令の発布を求めた。そして、翌一五三六年七月、計画の実行を許可する勅令が発布された。勅令では、ラス＝カサスが平和的にインディオをキリスト教に改宗させ、国王に帰順させることができるよう、二年間にわたり、デサグワデロ地方へのスペイン人の軍事遠征が禁止されていた。しかし、勅令が発布されたとき、ラス＝カサスはすでにニカラグアを後にしていた。というのも、デサグワデロ地方の平和的植民化をめぐって、ラス＝カサスはニカラグア総督ロドリゴ＝デ＝コントレラスと激しく反目し、その結果、生命の危険に晒（さら）され、やむを得ず、ニカラグアを離れたからである。ことの次第は以下のとおりである。

当時、ニカラグアでは、インディオに免疫性のないヨーロッパ伝来の疫病（はしか）が流行し、大勢のインディオがその犠牲となり、しかも、ニカラグアがペルーへの奴隷供給基地になっていたため、多数のインディオが奴隷として南方へ運搬されていたので、インディオ労働力に依存する植民者にとり、状況は深刻をきわめていた。すなわち、鉱山労働に使役されたインディオの三分の一が疫病の犠牲となり、何らかの予防策を講じなければ、生き残ったインディオもいずれ四年もすれば、死滅してしまうと言われるほどだった。そのような不安な情勢のもと、デサグワデロ地方に大勢のインディオの住む豊かな村があるという噂は当然、総督コントレラスはじめ植民者に大きな期待を抱かせた。その結果、総督はデサグワデロ地方の征服計画を立て、従兄弟ディエゴ＝マチューカにその指揮を任せた。

ラス＝カサスは総督の計画を知ると、説教壇から、その軍事遠征は奴隷狩りに等しく、すでに人口がかなり減少しているインディオたちに壊滅的な打撃を与えるだけでなく、神と国王への奉仕をないがしろにする結果になると説き、激しく抗議の声を上げ、さらに、植民者によるインディオ虐待と奴隷化を厳しく非難した。ラス＝カサスの強硬な反対で遠征参加者の募集が思うように行かなくなったコントレラスは懐柔策を練り、彼に遠征への同行を求めた。しかし、ラス＝カサスは逆に、インディオを平和的に帰順させるため、自分に五〇名のスペイン人を指揮する権限を与えるよう提案し、指揮官マチューカの率いる遠征への同行を承諾しなかった。

こうして、両者の対立はますます激化し、総督コントレラスは、「ラス＝カサスは、遠征に参加する者を破門に処すと言って、人々の不安を募らせるばかりで、彼がキリストの教えを説くことなど、滅多にない」と断じて、彼を激しく非難する報告を一度ならず当局に行った。それに対して、ラス＝カサスは一五三六年三月末、総督の不正を明らかにし、自己の主張を弁じるため、ラドラダら、ドミニコ会の同僚を連れてグラナダからレオンへ向かい、同地でも、征服遠征とインディオの奴隷化に反対する説教をつづけた。そして、両者の対立はとうとう、「教会など、ものとも思わない」総督一派が説教中のラス＝カサスを説教壇から引きずり降ろすという事件にまで発展し、ドミニコ会士たちが身の危険を感じるほど、熾烈(しれつ)を極めた。その結果、六月末、ラス＝カサス一行はニカラグアを後にし、グァテマラへ向かうことになったのである。

メキシコ教会会議への出席

一五三六年七月中旬、サンティアゴ市に到着したラス＝カサスはグァテマラ司教フランシスコ＝マロキンから協力を要請されて、同地のインディオの改宗化に従事したが、八月末、同年秋に開催予定のメキシコ教会会議に司教代理として出席するため、メキシコ市へ向かった。そうして再びヌエバ－エスパーニャの土を踏んだラス＝カサスはメキシコ教会会議をはじめ、数多くの会議に出席することになった。ヌエバ－エスパーニャでは、コルテスによるアステカ王国征服と、それにつづくメキシコ中央高原地方の征服・破壊以来、しばらく混沌とした状況がつづいたが、三〇年代に入って、改革政策が実行に移され、とりわけ、三五年に着任した初代副王アントニオ＝デ＝メンドサが積極的に秩序の建て直しを図ったので、ラス＝カサスが活動するための条件はどこよりも整っていた。

教会会議は伝道活動の基本原則を定めることを重要な議題として召集され、司教代理として出席したラス＝カサスには強力な味方がいた。なかでも、メキシコ初代司教フワン＝デ＝スマラガと

ミナーヤ像　オアハカのドミニコ会教会。筆者撮影

トラスカラ司教フリアン＝ガルセスの存在はラス＝カサスにとり大きな心の支えとなった。ラス＝カサスは彼らの支持を得て、司教、修道士と官吏からなる会議を実質的に統轄した。教会会議では、征服戦争は不正かつ不当である、改宗化は説教ならびに模範的生活の垂範によって行われるべきである、そして、教会は先住民に害を加えたり、彼らを奴隷化するスペイン人を処罰すべきであるという、三項目の決議がなされた。

　また会議では、両親の保護下にある幼児は別にして、成人インディオに対する洗礼授与の方法をめぐって激しい議論の応酬が行われた。つまり、会議はひとつには、フランシスコ会士たちが長年行ってきた集団洗礼をめぐる論争に終止符を打つことを目的としていた。司教たちや、フランシスコ会を除く修道会は成人インディオには、しかるべきキリスト教教育を施したのちに洗礼を授けるべきだと主張し、伝統的な洗礼授与の原則の遵守を求め、フランシスコ会士たちと真っ向から対立した。結局、フランシスコ会士たちが集団洗礼の利点をローマ教皇庁へ訴えようとしたため、ラス＝カサスらは対抗措置として、ドミニコ会士ベルナルディーノ＝デ＝ミナーヤをローマへ派遣することに決めた。

　しかし、ミナーヤが派遣されることになった理由はそれだけではなかった。いまひとつの理由は、王室が一五三四年二月二〇日に勅令を発布し、インディオの奴隷化を全面的に禁止した一五三〇年八月の勅令を撤回し、いくつかの制約条件をつけながらも、実質的にインディオの奴隷化を承認したことにあった。その王室の政策変更も教会会議の重要な議題となり、会議に参加した第二アウディエンシアの判事（オイドール）バスコ＝デ＝キローガはすでに「インディオに奴隷の焼き印を押すのは神に似せて造られた人間の顔を紙のように扱うのに等しい」と言って、王室の政策変更に異議を唱え、『インディオ奴隷化非合法論』*Información en derecho* と題する論策を書き上げていた。ちなみに、エラスムスの影響を受けたキローガはトーマス＝モアの『ユートピア』に倣って、メキシコで自給自足的なインディオだけのキリスト教共同社会（プエブロ＝オスピタル）の建設に献身し、現在でも「タタ＝バスコ」（バスコ父さん）と慕われている有名なインディオ擁護者である。

三通の教皇文書

さて、ミナーヤは、ラス＝カサスが編纂したメキシコ教会会議の決議事項と、ラス＝カサスやガルセスらが認（したた）めた、征服の不当性と奴隷化の禁止を訴えた文書や書簡を携えてスペインを経由してローマへ赴き、教皇パウルス三世のもとへそれらの文書を届けた。ローマ教皇はミナーヤから文書を受け取り、インディアスの悲惨な実情を聞いて、時を移さず、枢機卿ガスパール＝コンタリーニが統轄する教皇庁内の委員会に返書の作成を命じた。その結果、インディオを擁護する教皇文書が三通、編纂された。すなわち、洗礼のみならず、結婚、断食、祝祭について定めた『神の深遠なるご計画』*Altitudo divini consili*、先住民に害を加えたり、彼らを奴隷化する人々に対する破門を定めた『司牧の勤め』*Pastorale Officium*、それに、しばしばインディオの権利を定めた《大憲章（マグナ＝カルタ）》と評される回勅『崇高なる神』Sublimis Deus である。それらの教皇文書はそれぞれ、メキシコ教会会議の決議事項に対する返書という性格を帯びているが、とくにインディオのキリスト教化の方法を定めた回勅『崇高なる神』は明らかにラス＝カサスが『布教論』で開陳した考えに沿ったものだった。すなわち、回勅には、こう記されている。

「私たちはさまざまな報告を受け取り、インディオが真の人間であり、カトリックの信仰を理解できるばかりか、熱心かつ素早く、信仰を受け入れようとしている事実を知っている。したがって、前述したような弊害を排除し、十分な改善策を講じたく、以下のとおり決定し、宣言する。……インディオおよび、以後キリスト教徒が発見するであろう人々は決して彼らの自由と所有する財産を奪われることはない。これは、たとえ彼らがイエス＝キリストの信仰を奉じていなくとも、例外ではない。また、彼らは自由に、また、合法的に自らの自由を享受し、財産を所有できるし、所有すべきであり、決して奴隷の身分におとしめられるべきではない。……使徒の権威にもとづいて、私たちはここに断言する……インディオならびにその他の人々をイエス＝キリストの信仰へ導くために用いるべき方法は彼らに神の御言葉を説き教え、正しく清らかな生活の模範を垂れることである。」

ミナーヤはそれらの教皇文書をインディアス枢機会議の許可を得ずにインディアスへ送付したた

め、翌年一月、スペインで身柄を拘束され、インディアスへの渡航を禁止された。インディアスにおける教会関係の事柄については、スペイン国王が歴代ローマ教皇よりパトロナトーレアルと呼ばれる特権――司教をはじめ高位聖職者の推薦、司教区の設定、教会の建設、教会税の徴収・受益など――を与えられており、ローマ教皇がインディアスに関わる文書を発布する際、国王ないしインディアス枢機会議と事前に協議することになっていたからである。したがって、カルロス一世は教皇文書の発布を越権行為と判断し、その撤収を命じたが、たとえ撤収されたとしても、ローマ教皇が初めてインディオ問題に対する自己の立場を公式に表明した事実は消し去ることができず、その後、回勅『崇高なる神』はインディオの平和的改宗化を主張する人々の運動を支える大きな精神的武器になった。

テスルトラン地方での平和的改宗化

一方、ラス＝カサスは一五三七年一月末にメキシコ市からサンティアゴへ戻り、同地のドミニコ会の教会を本拠に聖務に携わるかたわら、「いかなる国王も皇帝も、また教会もインディアスの住民インディオに対して正当な戦争を行うことはできない」と、相変わらず征服戦争を厳しく非難する説教をつづけた。そしてそのうちに、彼は『布教論』で開陳した平和的改宗化を自らの手で実行しようと考えるようになった。当時すでに、平和的改宗化を実行に移していた修道士たちがいた。すなわち、一五三四年以来、フランシスコ会士ハコボ＝デ＝タステラら、フランシスコ会士が数名ユカタン半島西部のチャンポトンに居住する未征服のマヤ系インディオ、つまり、征服者フランシスコ＝デ＝モンテホが服従させることのできなかったマヤ人を相手に平和的な改宗化を行っていた。また、メキシコ司教スマラガらが平和的改宗化を支持していたのも、ラス＝カサスが計画の実施を考えた一因だった。

そのうえ、当時のグァテマラは、ラス＝カサスが計画を実行するのに有利な状況にあった。グァテマラを治めていたのがメキシコ第二アウディエンシアの判事としてスペインから派遣された学識豊かな人物で、ラス＝カサスの考えに理解を示した「善人（エル・ブエノ）」アロンソ＝デ＝マルドナドだったからである。ラス＝カサスが計画実行の地として選んだのは、スペイン人が過去三回にわたって征服を試みたが成功せず、「戦いの地」と呼んでいたテスルトラン（トゥスルトラン）地方である。テスルトランは現グァテマラの北西部に位置し、メキシコのチャパス州と接する地方で、インディオはマヤ語系のキチェー語を話し、人身犠牲を行っていた。

ラス＝カサスはサンティアゴのスペイン人住民との無益な衝突を避けるため、計画実行の準備を密かに行い、一五三七年五月二日、総督マルドナドと秘密裡に協約を締結した。つまり、二人の間で、㈠平和的手段で帰順したインディオは、直接王室に従属し、スペイン人に分配されない、㈡ラス＝カサスやドミニコ会士を除いて、スペイン人は例外なく、五年間、インディオたちの住む地域に入ってはならず、違反すれば、厳罰に処する、㈢その五年間というのは、聖職者が「戦いの地」

に入った月から起算する等々、五項目にわたる詳細な取り決めが交わされた。

その後、ラス＝カサスはスペイン人植民者に計画が遺漏しないよう、サンティアゴ在住の改宗インディオの中から、テスルトラン地方との交易に従事する商人を選び、彼らに協力を求めた。そして、九月頃、ラス＝カサスはインディオ商人にスペイン産の雑貨などをもたせて、テスルトラン近郊のサカプラスへ派遣した。インディオ商人たちは商いを終えたあと、キリストの教えなどを織り込んだ小歌をインディオの楽器とスペインの鈴とタンバリンのようなものの演奏に合わせて歌った。その結果、カシーケはキリストの教えや修道士のことに興味を抱き、商人たちの話を信じて、修道士を村へ招こうと考えた。

こうしてカシーケの信頼を得たラス＝カサスは一一月末か一二月初頭、仲間の修道士とともにチチカステナンゴ、ウタトランを経由してサカプラスへ向かった。同地で、彼はカシーケの歓迎を受け、彼の屋敷に身を寄せながら、ミサをあげ、野外で説教を垂れ、大勢のインディオを改宗させた。その後、一五三八年一月中旬、彼はペドロ＝デ＝アングロとカシーケのフワンを同行して、山岳部に分散して暮らしているラビナル＝インディオの改宗化を試みた。そのとき、ラス＝カサスは改宗化を進めるには分散するインディオを集住させる必要があると判断し、新しい村の建設に従事したが、その際、およそ一二の小さな村のカシーケが部下を引き連れて新しい村の建設に協力し、五〇〇名ほどのインディオが集まった。そうして、ラス＝カサスが念願した平和的改宗化は着実にその実りを結んでいった。

二〇年ぶりの帰国へ

ちょうどその頃、ラス＝カサスのもとへ、メキシコのドミニコ会管区長より管区会議への出席を求める通知が届いた。ラス＝カサスは同僚からスペインへ帰って伝道師を募集するよう強く求められ、また、伝道師不足に悩む司教マロキンから渡航費用の負担を申し出られたので、管区会議に出席したのち、同僚のロドリゴ＝デ＝ラドラダとともにスペインへ帰国する決意を固めた。そして、彼は五月二〇日、メキシコ市へ向けて出発したが、そのとき、伝道師の募集もさることながら、スペイン国王にインディオの蒙っている悲惨な現状を直接報告し、対インディアス政策の抜本的な見直しを訴えようと考えた。

ラス＝カサスはオアハカ、プエブラ、トラスカラを経由して八月二〇日頃にメキシコ市へ到着し、八月下旬に開催された管区会議において、伝道師募集のために、スペインへ帰国する許可を得た。その後、ラス＝カサスは一五三九年二月初旬までメキシコ市に滞在し、その間、対インディアス政策の抜本的改革の必要性をカルロス一世に訴えるため、征服の非道な実態を暴く報告書の準備をしたり、宮廷での活動を有利に運ぶために、関係各位から国王あての推薦状を獲得するのに奔走した。その結果、彼はメキシコ司教スマラガやミチョアカン司教となった先記のキローガらが連署した推薦状を手に入れ、さらに副王アントニオ＝デ＝メンドサからは、テスルトランの平和的改宗化に関

キローガ

して総督アロンソ＝デ＝マルドナドと密かに交わした協約の批准を取りつけるのに成功した。

二月中旬、ラス＝カサスはメキシコ市を後にし、グァテマラの植民地当局および教会関係者から推薦状を入手するため、トラスカラを経由してオアハカへ向かい、七月中旬まで同地に滞在した。オアハカ滞在中、ラス＝カサスは『布教論』を数多くの権威ある著作を引用して——その中にローマ教皇パウルス三世の回勅『崇高なる神』も含まれる——自説を論証すると同時に、インカ王アタワルパの処刑（一五三三）の不当性を指摘し、改宗化の予備段階として征服戦争を是認するメキシコのドミニコ会士やフランシスコ会士に激しく反論し、改宗、未改宗を問わず、インディオに体刑を加えるメキシコの伝道師に対して批判を浴びせる文章を加筆した。

一五三九年七月中旬、ラス＝カサスはオアハカを後にし、グァテマラのサンティアゴへ向かった。同地で、同年一〇月一六日、彼はグァテマラ総督アロンソ＝デ＝マルドナドから国王あての推薦状を手に入れ、さらに翌一一月一五日にサンティアゴ市参事会から、また、同月一八日には新総督ペドロ＝デ＝アルバラードからも、それぞれ推薦状を手に入れた。さらに、同じく二〇日には、司教マロキンの推薦状も手に入れ、そうして、ラス＝カサスは宮廷活動を支障なく行うために必要な高位聖職者や高級官吏からの推薦状を入手したのち、同年一二月末、グラシアス‐ア‐ディオスを経由してトゥルヒーリョ（ホンジュラス）へ向かった。そして、一五四〇年三月、トゥルヒーリョの市参事会から国王あての推薦状を入手したのち、港町プエルト－カバーリョスからスペインへ向けて出航した。ラス＝カサスにとり、およそ二〇年ぶりの帰国の旅だった。

III 正義の実現とインディアスの改革をめざして

スペインでの活動——一五四〇〜四三

宮廷での活動

ラス＝カサスは帰路、キューバ島のラ＝アバーナ（ハバナ）に寄港し、ユカタン半島で平和的改宗化に従事していたフランシスコ会士ハコボ＝デ＝タステラと合流したのち、スペインへ向かった。同年六月初頭、ラス＝カサス一行はセビーリャに到着し、一ヵ月後、国王カルロス一世に謁見するため、マドリードへ向かった。しかし、国王はすでに一五三九年一一月中旬、ネーデルラントのガンで勃発した暴動を鎮圧するため、スペインを離れていた。そのため、ラス＝カサスはインディアス枢機会議の議長である枢機卿ガルシア＝デ＝ロアイサ（ドミニコ会）を相手に積極的な政治活動を行うことになった。国王の不在中、実務を担当したのはガルシア＝デ＝ロアイサ、枢機卿フワン＝デ＝タベラ（トレド大司教）やフランシスコ＝デ＝ロス＝コボスらからなる摂政会議で、とりわけインディアス関係業務では、ロアイサが絶大な権力を掌握していた。

ラス＝カサスはカルロス一世の帰国を待つ間、まずスマラガ、マロキンら、ヌエバ＝エスパーニャの司教たちから依頼されていた伝道師の募集に携わる一方、王室より正式にテスルトランの平和的改宗化事業の承認と支援を得るのに奔走し、目的を達成した（同年一〇月）。同年一二月一五日、彼はフランドルに滞在中のカルロス一世にあてて書簡を作成し、「戦いの地」における平和的改宗化の成功を伝えるとともに、インディアス全体に関わる重大な事柄を直接報告するため、国王が帰国するまで宮廷に留まる許可を求めた。そして、その滞在許可は翌一五四一年二月に国王から正式に届いた。しかし、カルロス一世がスペインへ帰国するのは同年一二月初頭、アルジェリア遠征に失敗したあとのことなので、ラス＝カサスはほぼ一年間、宮廷の人々を相手に自己の大義を訴えることになった。

一五四〇年一二月中旬、ラス＝カサスは伝道師の渡航準備を整えるためにセビーリャへ赴き、翌年三月初頭まで同地に滞在、その間、つまり、一五四一年一月中旬頃、インディアス枢機会議に請願書を送り、テスルトランの平和的改宗化に対するスペイン人植民者の妨害を避けるため、必要な措置を講じるよう要請した。その後、タラベラ＝デ＝ラ＝レイナに移り、三月下旬、同じくインディアス枢機会議にグァテマラのドミニコ会士が蒙っている経済的困窮を訴えて善処を求め、さらに、十分な予備教育を施さずに成人インディオや黒人に洗礼を授けるのを禁止するよう訴えた。枢機会議はラス＝カサスの要求を受け入れて数々の勅令を発布し、洗礼問題に関しては、サラマンカ大学神学部教授で、のちに「国際法の父」と高く評価されることになる、当代随一の神学者フランシスコ＝デ＝ビトリア（ドミニコ会）に検討を委ねる旨の勅令を発布した。その結果、一五四一年七月、ビトリアはじめ、サラマンカの神学者は集団洗礼を非難し、洗礼以前に十分な宗教教育を行わなければならないと決定した。

神学者ビトリア

ところで、これまでしばしばラス＝カサスとビトリアの思想的関係が研究者の間で論じられ、ラス＝カサスはビトリア理論に強い影響を受けたとされてきた。したがって、ここで簡単にビトリアの思想を紹介し、通説の問題点を指摘しておきたい。

ビトリアはパリ大学でトマス神学を学んだのち、一五二六年よりサラマンカ大学神学部の教授としてトマス神学にもとづき国家権力や教会権力（ローマ教皇論）に関する講義を行っていたが、フランシスコ＝ピサロによるインカ王アタワルパの幽閉ならびに処刑に関する情報に接してから、本格的にインディアス問題に取り組んだ。彼は一五三七年六月に発布された教皇回勅『崇高なる神』に触発され、ますますインディアス問題に多大な関心を抱くにいたり、一五三九年一月に《インディオについて》、六月に《戦争法について》と題する特別講義を相次いでサラマンカ大学で行った。

ビトリアはトマス＝アクィナスの「恩寵に由来する神の法は自然の理性にもとづく人定の法を無効としない」という考えにしたがって異教徒の正当な支配権を論じ、ローマ教皇の教権と俗権とを区別し、教皇は全世界の支配者ではなく、また、たとえ教皇が全世界に対して世俗的支配権を有しているとしても、その権力を世俗の君主に委ねることはできず、ただ霊的な事柄に関して俗権（間接的世俗権）を有するだけだと主張した。すなわち、彼は、当時の多くの神学者や法学者がスペインによるインディアス支配の正当な権原を論じるためにもちだしたローマ教皇至上権論を否定したうえで、アレクサンデル六世の「贈与大教書」はスペイン国王にインディアスにおける世俗統治権を委ねたものではないと断定した。このように、ビトリアは、㈠ローマ教皇による贈与、㈡発見の権利（先占権）、㈢インディオによる改宗拒否、㈣インディオの犯している自然法に背く罪（食人の習慣、男色、近親相姦など）、㈤神による特別な下賜など、当時スペインのインディアス征服・支配を正当化すると考えられた七つの権原を聖書、聖アウグスティヌス、トマス＝アクィナスやカジェタヌスの理論に依拠して、ことごとく否定した。

しかし、ビトリアはそのあと、スペイン人がインディオを支配できる正当な権原について論じ、「異教徒を含め、世界のすべての人々は、人間共通の本性にもとづき普遍的な人類社会――それをビトリアは《全体世界》と名づけた――を構成し、その社会を支配する共通の法に従っている」という原則に依拠して、㈠自然的な社会と交通にもとづく権原、㈡専制的な支配者から無辜なインディオを守ることにもとづく権原（人身犠牲などからの解放）、㈢友情と同盟にもとづく権原を主張した。また、彼はローマ教皇の布教権と間接的な統治権にもとづいて、㈣キリスト教の伝道にもとづく権原、㈤改宗したインディオを保護することにもとづく権原、それに㈥インディオの改宗にもとづく権原（大部分のインディオが改宗した場合、ローマ教皇は異教を奉じる支配者を罷免し、キリスト教君主を任命できる）などを論証し、さらに最後の権原として、インディオには国家を建設したり、統治する能力が欠けることを理由に挙げ、「私自身はあえてこの権原を是認しようとも思わなければ、まったく否定しようとも思わない」と述べ、断定を控えている。しかし、それは「インディオも彼らなりに理性を行使している」というビトリアの主張と相まって、彼の植民地言説的特徴を示しており、ラス＝カサスのインディオ認識とは大きく乖離（かいり）している。

ビトリアはそれらの権原にもとづき、また、戦争法に照らして、スペイン人がインディオに対して正当に武力を行使できるのは次の四つの場合のいずれかだと論じた。

㈠インディオが旅行、滞在、通商の自由を認めない場合
㈡インディオが伝道師に対してキリストの教えを説いたり、布教活動に従事する権利を認めない場合
㈢改宗したインディオを、支配者である異教徒の君主が暴力的にあるいは、脅迫して、再び偶像崇拝へ戻らせる場合
㈣暴君や掠奪者と戦うインディオと同盟を結んだ場合

こうして、ビトリアはスペインによるインディアス征服と支配に新しい根拠を与える玉虫色の理論を開陳した。その点でも、ビトリアとラス＝カサスの間に、思想的な繋がりを見て取ることはできない。そして、ビトリア理論はその後、サラマンカ学派と呼ばれる神学者・法学者に継承され、

インディアス論争で重要な役割を果たすとともに、王室の対インディアス政策に取り込まれていくことになる。

論策の執筆

さて、ラス＝カサスが国王カルロス一世に謁見できたのは一五四二年四月中旬のことである。彼は国王にインディアス枢機会議員の腐敗堕落を告発する覚書を献上し、その結果、国王は五月初頭よりインディアス枢機会議の査察を実施し、二人の枢機会議員を更迭した。また、ラス＝カサスはカルロス一世に「インディアスの破壊を告発する報告書」と、エンコミエンダの廃止、農民によるインディアスの植民、黒人奴隷の導入、インディオ奴隷の即時解放と奴隷化の全面禁止、発見・探検遠征における聖職者の役割重視や平和的改宗化の促進などを骨子とするおよそ二〇項目におよぶ『改善策に関する覚書』――ロドリゴ＝デ＝ラドラダと共作――の二つの文書を献上し、インディアスの実情報告を行った。

ラス＝カサスの実情報告を受けて、カルロス一世はインディアス問題を審議する特別会議をバリャドリードに召集することを決定し、従来の対インディアス政策の抜本的な見直しとインディアスの改革を目的とする植民法典の起草を命じることになった。一五四二年五月中旬頃、カルロス一世の臨席のもと、審議会が開催され、ラス＝カサスは国王の命令を受けて、インディアスで「つぶさに目撃した数々の出来事を事情に精通していない人々に報告し」、二〇項目にわたるインディアス改善策を論じた文書を読み上げた。いずれの文書も現存していないが、ラス＝カサスはインディアスの破壊を告発した報告文書をもとに、その後いくらか筆を加えて、『インディアスの破壊についての簡潔な報告』*Brevísima relación de la destrucción de las Indias*（以下『簡潔な報告』と略記）と題する論策にまとめ、一五五二年にセビーリャで印刷に付した。一方、改善策に関する覚書は、二〇の理由を挙げてエンコミエンダの撤廃と王室へのインディオの併合を訴えた八番目の改善策のみが現存し、これも一五五二年にセビーリャで印刷・刊行されることになる（*Octavo remedio* 以下『矯正論』と略記）。

征服の実態報告書『簡潔な報告』　『簡潔な報告』はスペイン人征服者の非道な所業を地域別に書き綴った文書で、ラス＝カサスはエスパニョーラ島、キューバをはじめとするアンティール諸島については自らの体験にもとづいて、そして、それ以外の地方については、聖職者や報告文書、それにインディアス枢機会議における証言文書などを引用して「吐き気を催させるような」征服の実態を赤裸々に記した。

ラス＝カサスは『簡潔な報告』の中で、征服戦争の正当性を否定し、征服の非道な実態を報告してその即時中止を訴えたが、その根底には、「不逞(ふてい)で身をもち崩した連中（スペイン人征服者）が手に入れたと考えているその［征服・支配の］権利をいかに正当化しようと努力しても、自然法、人定法、神の法に照らせば、それはまったく無益である。彼らはこのことさえ、理解していない。……しかも、彼らは神のみならず、ひたすらカスティーリャの国王にも背き、莫大な損失を与え、国王の領有する数多くの王国を破壊し、さらにインディアスに対する国王の権利をことごとく、無効にするような行為に耽っているのである」という文章からも分かるように、征服戦争がインディオに壊滅的な打撃を与える不当な行為であるばかりか、国王のインディアス支配権を脅かす危険な行為だという認識があった。だからこそ、ラス＝カサスは『簡潔な報告』を通じて、インディアスの抜本的な改革を実現するためには征服を即時中止しなければならないと説いた。

重要な改善策
『矯　正　論』

『矯正論』はラス＝カサスがインディアスの抜本的な改革に必要な策として提案した二〇項目の改善策の八番目のもので、ラス＝カサス自身の言葉を借りれば、最も重要な改善策だった。その論策で、ラス＝カサスは「約四〇年間にエンコミエンダのために一二〇〇万のインディオが信仰の光に照らされることなく死亡した」と主張し、二〇の理由を挙げてエンコミエンダが有害であるばかりか、法律上も不正な制度であることを論証し、その即時撤廃を求めた。つまり、ラス＝カサスは、㈠信

『インディアスの破壊についての簡潔な報告』の表紙　1552年

仰と正しい統治はエンコミエンダと両立しない、㈡エンコミエンダは経験上、インディオにとって有害な制度である、㈢インディオは自由な人間として統治するにふさわしく、保護など必要ではない、㈣邪悪な人々にインディオの統治を任せるべきではない、㈤臣下は大勢の主人に仕えるべきではない、㈥領主的管理より国王による管理の方が望ましい、㈦エンコミエンダが存続すれば、神と王室、スペイン人さえも大きな害を蒙る、といった理由から、エンコミエンダの廃止を強く求めたのである。

エンコミエンダは一五〇三年に導入されて間もなく奴隷制と変わらなくなり、大勢のインディオが死亡したため、一五一二年に王室はインディオの労働力を酷使して蓄財に耽るエンコメンデロの権利の濫用を防ぎ、インディオのキリスト教化を図るため、最初の植民法典であるブルゴス法を制定し、エンコメンデロの義務を詳細に規定した。しかし、インディオの労働力を基盤にして植民地経営を進めるスペイン王室の支配体制下では、エンコミエンダの実態は変わらず、インディオの奴隷状態は改善されることがなかった。王室はエンコミエンダの弊害をなくすため、様々な勅令を発布したが、エンコミエンダは擬制奴隷制として存続しつづけた。エンコメンデロは王室が撤廃令もしくは制限的な法令を制定するごとに、㈠スペイン人はインディオの労働奉仕に自己の生活基盤をおいており、エンコミエンダが廃止されれば、スペイン人はインディアスを立ち去らざるを得ず、そうなれば、陛下は新しい王国を失い、インディオの救霊は実行されないことになる、㈡エンコメンデロは反乱するインディオを鎮圧する軍人としての役割を負っているなどと主張し、反対運動を展開した。王室はそのような動きを徹底的に抑えることができなかった。なぜなら、慢性的な財政逼迫（ひっぱく）に苦しめられたスペイン王室は海外発展事業を民間人の主導に任さざるを得なかったからである。しかも、発見・征服事業の経済的成功はインディアスにおけるスペインの領土拡張を促す原動力になっただけでなく、その予備的条件でもあった。したがって、王室は一貫性のあるエンコミエンダ政策を採ることができなかった。

『矯正論』において、ラス＝カサスは、スペイン国王のインディアス支配を正当化する唯一の権原はアレクサンデル六世の「贈与大教書」にもとづく布教権であると、従来の主張をくりかえしたあと、次のように論じた。

「陛下があの人々（インディオ）に対して有する支配権の目的は信仰を説き、彼らの心に信仰を確立し、彼らを改宗させ、キリストを知らしめることであって、それ以外のなにものでもない。したがって、その目的を達成するための手段として、陛下は支配権を手にしているのである。」

ラス＝カサスは人民代表の原則、君主の同意取得義務や君主の責任（人民の抵抗権）に関する伝統的なカスティーリャ法とインディアスにおける自己の体験にもとづいて、エンコミエンダが宗教的、経済的、政治的にインディオ同様、スペイン国王にとっても有害かつ不正な制度であることを論証し、その廃止を訴えた。そして、彼は先スペイン期のインディオの王国をスペイン国王の主権下に再建することをめざした。

ラス＝カサスは、目的（インディオのキリスト教化）は手段を正当化しないという原則にたってエンコミエンダの撤廃を訴え、もし目的が邪悪な手段（征服戦争、エンコミエンダ）によってしか達成できないのであれば、その目的を放棄しなければならないと論じ、対インディアス政策の抜本的な改革を強く求めた。つまり、『矯正論』はエンコミエンダの撤廃を《不可侵の命令》として発布するよう、王室に強く求めた論策である。

その後、審議会は場所をバリャドリードからバロセロナに移してつづけられ、一五四二年一一月二〇日、新しい植民法典が制定された。「インディアス新法」（以下「新法」と略記）である。

「インディアス新法」と国際情勢

「新法」は原題を《インディアスの統治ならびにインディオに対する正しい扱いとその保護を目的として、国王陛下が新しく制定された法令および命令》といい、四〇ヵ条からなる植民法である。「新法」はその原題および、インディオが自由な人間であることを明記し、インディアス枢機会議に対しインディオの保護と繁栄に細心の注意を払うよう命じた第七条や、アウディエンシアに対してインディオ保護を目的とした勅令に違反したスペイン人を厳罰に処するよう定めた第二〇条から分かるように、なによりもまずインディオ保護に重点をおいた法令である。以下に、第二一条から第四〇条までの規定の中から、重要なものをいくつか列挙してみよう。

㈠今後、理由の如何を問わず、インディオを奴隷にしてはならない。（第二一条）
㈡インディオを荷物の運搬に使役してはならない。（第二四条）
㈢自由なインディオを強制して真珠採集に従事させてはならない。（第二五条）
㈣副王、総督、その他の官吏や聖職者、修道院、病院などが所有するエンコミエンダを廃止する。（第二六条）
㈤エンコミエンダを所有するものがインディオに対して苛斂誅求をはたらいた場合、インディオは解放され、王室直轄下に編入される。（第二九条）
㈥今後、新しいエンコミエンダの下賜は行わず、現存するエンコミエンダも、所有者が死亡した場合、廃止され、インディオはすべて、王室直轄下に編入される。（第三〇条）
㈦エンコミエンダに関する訴訟は国王が直接に管轄する。（第三三条）

ところで、当時の王室付き歴史編纂者アロンソ＝デ＝サンタ＝クルスが『皇帝カール五世年代記』*Crónica del Emperador Carlos V* の中に、「法令（新法のこと）が制定され、国王陛下がこれまで以上にインディアスの統治に心を配るようになったのは修道士バルトロメー＝デ＝ラス＝カサス師のためだった」と記しているように、当時、ラス＝カサスは「新法」制定の中心人物だと見なされた。確かに、「新法」制定の歴史的な背景や、「新法」にラス＝カサスの主張を採り入れた条項が数多く認められることから判断すれば、法制定に果たしたラス＝カサスの役割は大きかったと言えるだろうし、事実、「新法」は政治家ラス＝カサスの最大の成果だと評価する研究者もいる。しかし、「新法」が必ずしも、エンコミエンダの即時撤廃とインディオ奴隷の全面的解放を訴えていたラス＝カサスの主張を採り入れていないことに注目すれば、ラス＝カサスの主張や運動のみが「新法」制定の要因だと断定するのはやや短絡にすぎるきらいがある。と言うのも、当時、王室が、奴隷制と変わらないエンコミエンダを基盤とする植民体制はインディアスにおける国王権力の確立を阻害する危険があることを認識していたことと、ハプスブルク王朝の盟主カルロス一世を取り巻く当時のヨーロッパ情勢が風雲急を告げていたこともその要因として見逃すことができないからである。

事実、エンコメンデロはしだいにインディアス各地において封建領主のような存在となり、地方の市参事会(カビルド)を取りしきり、時には、王室の政策に異議を挟み、自立性を高める傾向にあった。また、カルロス一世は一五二一年七月以来フランスの国王フランソワ一世とイタリアとフランドルの支配をめぐって交戦状態にあり、しかも、神聖ローマ帝国の皇帝カール五世として、宗教改革の嵐が吹き荒れるドイツにおけるプロテスタント諸侯との争いやハンガリーへ進出したオスマン帝国のウィーン進撃を阻止するのに莫大な資金を費やしていた。フランソワ一世はカルロス一世の勢力拡大を抑え、ヨーロッパにおける覇権確立をめざしてドイツのプロテスタント諸侯と手を結び（一五三二年五月、シュマルカルデン同盟との相互援助条約の締結。一五三五年一二月、条約の一〇年間延長が承認される）、さらには一五三六年二月、オスマン帝国のスレイマン大帝と《コンスタンティノープルの協約》（相互不可侵・相互援助を基本とする）を締結する一方、アレクサンデル六世の「贈与大教書」にもとづくスペインのインディアス支配の正当性を否定し、官民一体の海外発展事業に乗り出した。

したがって、以上のような複雑かつ緊迫した国際情勢のもと、アルジェリア遠征の失敗によってますます窮地にたったカルロス一世が政治的および経済的観点から《大海の彼方に位置するいまひとつの王国》であるインディアスを完全に統制する必要に迫られ、従来の対インディアス政策の抜本的な見直しを決意し、ラス＝カサスの主張を政治的に利用して「新法」を制定したと考えても大過はないだろう。その証拠に、「新法」において初めて、インディアス関係の官僚機関であるインディアス枢機会議やアウディエンシアの管掌業務などが詳細に規定され、ペルーへの副王制の導入が定められたのである。

「新法」への反応

「新法」が制定されたのち、ラス＝カサスはロドリゴ＝デ＝ラドラダを連れ、宮廷の移動に伴ってバルセロナからバレンシアへ移り、同地で「新法」の写しを手に入れ、また、一二月八日、『簡潔な報告』を擱筆（かくひつ）し、さらに一二月中旬、マドリードへ向かった。ラス＝カサスは一五四三年二月下旬までマドリードに滞在したが、その間、「新法」の各条項を入念に検討し、その不備を指摘し、条文修正と補足条項の追加を求める運動をくり広げた。一五四三年二月、ラス＝カサスはインディアス枢機会議にラドラダと連署で覚書を提出し、インディオ奴隷の即時解放、エンコミエンダの即時撤廃と征服遠征の中止などを訴えて、「新法」の該当条項の修正、補足を求めると同時に、「新法」の完全な実施に最大の関心を払った。同年三月一日、カルロス一世はラス＝カサスとラドラダにインディアス枢機会議に出頭して意見を陳述するよう通達すると同時に、インディアス枢機会議に対しても、ラス＝カサスらの意見を聴するよう命じた。その結果、五月中旬から六月初頭にかけて再びバリャドリードにおいて審議会が開催され、六月四日、「新法」は六ヵ条が補足されて承認され、公布された。

一方、宮廷における「新法」制定の動きは逐一、インディアス各地に伝えられていたので、植民者からの反応は素早かった。すでに「新法」が公布される以前、つまり、一五四二年一一月下旬に、メキシコ市参事会はカルロス一世のもとへ植民者の利益代表者を派遣し、宮廷におけるラス＝カサスの行動を厳しく非難していた。また公布後も時を移さず、インディアス各地で「新法」反対運動が勃発した。一五四三年一〇月、メキシコのアウディエンシアは「新法」が原因で、植民者が不穏な動きを示していると伝え、同じくメキシコ市の官吏へロニモ＝ロペスも、「新法」はヌエバ＝エスパーニャを全滅させると訴えた。また、一五四三年九月、グァテマラの市参事会もエンコミエンダの段階的廃止を定めた「新法」を《残酷な宣告》と称し、ラス＝カサスの行動を厳しく糾弾した。さらに、同時代の記録者（クロニスタ）フランシスコ＝ロペス＝デ＝ゴマラは「法令の実施を恐れて意気消沈したものもいれば、悪態をつくものもいた。全員、法令の制定を定めた修道士バルトロメー＝デ＝ラス＝カサスを呪った」とまで、記している。こうして、ラス＝カサスはスペイン人植民者から「新法」制定の中心人物と目され、激しい憎悪を買うことになった。

また、当時宮廷には、ラス＝カサスがインディアス問題に通じた重要な人物とみなされ、重用されていることに反発する人たちも多く、彼らは、「新法」が公布される以前から、インディアス問題で発言力を強めるラス＝カサスを宮廷から遠ざけようと画策した。つまり、彼らは「新法」の制定を憂慮し、一五四二年一一月頃、その張本人とみなしたラス＝カサスを司教としてインディアスへ派遣し、「新法」の実施に協力させるべきだと主張し、クスコ司教位の受託を彼に求めていた。しかし、ラス＝カサスは固辞し、代わりに同じドミニコ会士のバルトロメー＝カランサ＝デ＝ミランダを推薦した。しかし、同年一二月に再び、今度はチャパスの司教位の受託を要請された。そのとき、ラス＝カサスは態度を保留したが、翌一五四三年三月一日、彼の知らないうちに、カルロス一世はローマ教皇庁駐在大使フワン＝デ＝ベガを通じてパウルス三世にラス＝カサスをチャパス司教に推薦した。その結果、同年六月一六日、ラス＝カサスは司教叙品にはあまり乗り気ではなかったが、司教位の受託を決意した。

現在のサン＝クリストバル＝デ＝ラス＝カサス市　メキシコ。

ラス＝カサスが受託を決意するにいたった背景には、同僚のドミニコ会士たちの強い要請があった。すなわち、一介の修道士から司教という高位の聖職者の地位につけば、世俗当局から束縛されずに、自由にインディオ擁護運動に携わることができ、かつてベルナルディーノ＝デ＝ミナーヤが蒙ったような身柄の拘束など、不慮の事態を避けられるからだった。しかし、それ以上に重要な理由は、チャパス司教区が、ラス＝カサスが自ら平和的改宗化事業に着手し、成功を収めたテスルトラン地方に近接していたことだった。換言すれば、ラス＝カサスの司教位受託の最大の理由は「戦いの地」の平和的改宗化を完成させるためであり、事実、彼自身、一五四三年一〇月末に国王カルロス一世に上申した請願書の中で、「私が司教位を受託する主な理由は、そうすれば、これまで以上にその土地（「戦いの地」）に住む人々の平定と改宗化の事業を推進、実行できるからです」と記している。

チャパス司教に任命

チャパス司教区は、首座がシウダ－レアル－デ－ロス－リャノス（以下シウダ－レアルと略記。現メキシコ南部チャパス州のサン－クリストバル－デ－ラス－カサス市）に置かれ、ラス＝カサスが実質的な初代チャパス司教となるが、彼が着任するまで、グァテマラ司教フランシスコ＝デ＝マロキンが司教区を管轄した。ラス＝カサスは司教位の受託を決意した頃から、同教区へ帯同する伝道師の募集やテスルトランの平和的改宗化へのさらなる支援などを求めて皇太子フェリペとインディアス枢機会議に請願書を提出し、さらにカルロス一世あてにも請願書を作成し、チャパス司教区へ「戦いの地」を含むテスルトラン、ラカンドンとソコヌスコ地方――もともとグァテマラ司教区に属した――およびユカタンの併合、「新法」実施のための協力者として伝道師のチャパス司教区への派遣、スペイン人農民による平和的植民化の実行などを求めた。その結果、一五四四年二月一三日、請願に応える勅令が一二通、発布され、テスルトラン、ラカンドンとソコヌスコがチャパス司教区に併合されることになった。

一方、ローマでは、一五四三年一二月中旬、ラス＝カサスのチャパス司教任命に関わる資格審査が行われ、その結果、適任者であるとの決定が下され、ローマ教皇パウルス三世は司教任命の大教書『アポストラトゥス－オフィキウム』を編纂し、同月二〇日、ラス＝カサスにあてて教会への忠誠を求める大教書『クム－ノス－プリデム』を作成した。そうして、教皇の承認を得たラス＝カサスは、一五四四年三月三〇日、セビーリャのサン－パブロ修道院でモドルース司教ディエゴ＝デ＝ロアイサの司式のもと、コルドバ司教ペドロ＝デ＝ラス＝トッレスらの立ち会いを得て司教に叙階された。そして、同年七月一一日、ラス＝カサスは四六名のドミニコ会士を率い、「新法」を携えてサン＝ルカル＝デ＝バラメダを出発し、エスパニョーラ島へ向かった。こうして、彼はチャパス司教として、テスルトランの平和的改宗化を完成し、「新法」にもとづいて平和的改宗化事業を拡大発展させるため、大望を抱いてインディアスへの旅路についた。

チャパス司教時代――一五四四〜四七

チャパスに向けて

ラス＝カサス一行は一五四四年九月九日、エスパニョーラ島サント＝ドミンゴに到着したが、「新法」はすべてをたちまち破滅させてしまうという偽りの情報を信じた植民者たちはラス＝カサスに敵意を抱き、ドミニコ会士一行に対し布施、その他一切の物質的援助を拒否する態度に出た。しかも、同行したドミニコ会士トマス＝デ＝ラ＝トッレの貴重な記録『サラマンカからチャパスのシウダー＝レアルまでの旅』*Desde Salamanca, España hasta Ciudad Real, Chiapas* によると、サント＝ドミンゴには「島々やティエラ＝フィルメから掠奪されて連行された無数のインディオ奴隷がいたので」、ラス＝カサスはインディオ奴隷の解放を強く訴えた。その結果、植民者との対立は日ましに激しくなり、ラス＝カサス一行は食糧不足に苦しみ、「持参した小麦、ブドウ酒などをキャッサバ、その他、見たこともない食物と混ぜて利用しなければならないほど」苦境に立たされた。

九月一五日、ラス＝カサスは、「新法」の修正・撤回を求める使節団がメキシコから宮廷へ派遣されたことを知って皇太子フェリペにあてて書簡を送り、次のように伝えた。

「閣下にお願いしたい儀がございます。……どうか、当事者である私を召喚されるまで、彼ら（メキシコの使節団）をおとどめおき下さい。それは、ひとつには、わが小羊たちの自由を守るためであり、自由なくしては、小羊を神のもとへ導くことはできませんし、私とて司牧の仕事を果たすことができないからです。いまひとつは、私の名誉に関わるからで、私が国王陛下にこの件について交渉し、報告した当事者であるからです。もし召喚されれば、私は、殿下が命じられる期限内にそちらに赴き、神の御加護のもと、彼らの主張に答え、反論いたしましょう。そして、彼らを説得し、彼らがわざわざ要求しにやって来たその事柄ゆえに、四つ裂きにされるにふさわしいことを証明いたしましょう。」

この帰国の許可申請に対して、フェリペは返答しなかったが、少なくとも、その書簡から「新法」制定に果たした役割についてのラス゠カサスの自負と、メキシコの使節団派遣の報がラス゠カサスに与えた衝撃の大きさが窺える。

同年一二月中旬、ラス゠カサスは数名のドミニコ会士をサント゠ドミンゴに残し、三七名の伝道師を伴ってエスパニョーラ島を後にし、チャパス司教区へ向かったが、それは決して楽な旅ではなかった。一五四五年一月六日、ラス゠カサス一行はカンペチェに到着したが、スペイン人官吏も植民者も、勅令で司教区が明確に定められていないことを理由にラス゠カサスを同地方を管轄する司教と認めず、十分の一税の支払いを拒否し、さらに、地方官吏は勅令で命じられていたラス゠カサスへの俸給の支払いも停止した。

その後、ラス＝カサスはユカタンにおける司教代理にフランシスコ＝エルナンデスを任命し、同年一月末、カンペチェを出発し、タバスコへ向かった。彼は二月一二日付けでタバスコより皇太子フェリペに書簡を送り、カンペチェの植民地当局が「新法」実施に反対したことや、ヌエバ＝エスパーニャの副王や巡察使らが「新法」のエンコミエンダ段階的廃止条項の実施を延期したことに不満を表明するとともに、フランシスコ＝デ＝モンテホによる残虐きわまりない第二次ユカタン征服戦争の実態を暴き、さらに新設のアウディエンシア＝デ＝ロス＝コンフィネスの長官に任命されたアロンソ＝デ＝マルドナドの奴隷化政策を厳しく糾弾した。

植民者との対立

ラス＝カサスは数多くの障碍に直面し、難渋を極めながらようやく一五四五年三月初旬に司教区の首座シウダー＝レアルに到着したが、彼を歓迎する植民者はいなかった。司教区には、わずか五名の聖職者しかおらず、しかもそのうち三名の若い在俗司祭はインディオ奴隷を所有し、腐敗堕落がひどかったので、ラス＝カサスはまず聖職者の改革に着手した。さらに、司教区が奴隷売買の中心地になっていて、インディオが家畜さながら取引され、虐待されている状況をつぶさに目撃して、彼は奴隷所有者を激しく非難し、直ちにインディオ奴隷を解放するよう強く訴えた。三月二〇日、ラス＝カサスはチャパスのスペイン人信者に対して布告を出し、彼らに九日間の猶予期間を与えて、次のように命じた。

「スペイン人は……過去、現在を問わず、インディオの財産を掠奪したり、インディオが私たちのもとへ、あるいは、裁判所へ不平を訴えに行くのを妨げようと、彼らを怖がらせたり、脅かしたり、懲罰を加えたりしている。また、スペイン人はインディオから妻子を奪ったり、彼らが丹精こめて耕した田畑を占領したり、その土地を力づくで奪ったり、ほんのわずかな代金で買い上げたりしている。……スペイン人はインディオから土地を買ったと言い逃れをして、その実、インディオから土地を召し上げ、圧政を行っている。それはあらゆる正義と愛に反する行為である。したがって、もし生活必需品や小麦粉、その他の品物が不当に高い価格で売られたり、水で薄めたブドウ酒が本当のブドウ酒の価格で売られている事実を知っていたり、耳にしたことがあれば、報告すること。また、悲惨な生活に苦しんでいる哀れな人々、すなわち、この土地や地方に住んでいるインディオ、あるいは、未亡人、孤児や寄る辺ない人たちが圧政を加えられ、苦しんでいるのを知っていたり、耳にしたことがあれば、報告すること。……また、査定された以上の租税あるいは労働力をインディオから徴発したり、陛下が今日、新しく定められた法令に従って支払うべき正当な賃金をも支払わず、彼らの意志に反して過重な負担を加えたりしているのを知っていたら、報告すること……」

　そして、ラス＝カサスは、そのような事実を知っていながら、報告を怠った場合、そのスペイン

ラス＝カサスが司教として滞在した司教座聖堂　シウダー－レアル。

人信者を破門に処すと伝えた。さらに、彼は二名の聴罪司祭を任命し、インディオをエンコミエンダで所有しているスペイン人信者に対しては、彼らがインディオを解放しないかぎり、告白を聴いてはならないと厳命し、さらに、インディオ奴隷を所有したり、インディオに虐待をはたらいたスペイン人、それに、インディオから手に入れた財産の正当性について疑義がもたれるスペイン人の行う告白は自分が管轄すると決めた。こうして、ラス＝カサスはチャパス司教区のスペイン人植民者の生活の粛正とインディオ奴隷の解放をめざしたが、植民者からしばしば罵詈雑言を浴び、司祭の中には、彼の定めた義務を怠り、司教区から逃亡するものもいた。

ラス＝カサスはスペイン人植民者の執拗な脅迫にも怯まず、三月末から四月五日にかけての復活祭に、スペイン人の不正行為や権利の濫用を激しく非難する説教を行い、「新法」を武器にインディオ奴隷所有者の告白を受けつけなかった。その結果、植民者はこぞって、ラス＝カサスのみならず、ドミニコ会士たちに対しても公然と敵対的な態度を示すようになり、ついには布施を拒否し、教会へのあらゆる奉仕活動を放棄しだした。

こうして、町中のスペイン人を敵に回したラス＝カサスに対して、同僚のドミニコ会士たちはシウダー＝レアルを立ち去るのが得策だと考え、その旨を勧告したが、彼はインディオを救済し、社会正義を実現するためには、町を去るわけにはいかないと答え、教会に留まる決意を伝えた。しかし、ドミニコ会士たちは食糧不足に加えて、聖餐式に用いるブドウ酒などにも事欠く状況に追い込まれ、ついに、ラス＝カサスの許可を得て、シウダー＝レアルを離れ、郊外でインディオと生活をともにすることになった。一方、ラス＝カサスは事態の改善を図るため、新設されたアウディエンシア＝デ＝ロス＝コンフィネスに支援を求めようと考え、五月初頭、トマス＝カシーリャスら二名の同僚ドミニコ会士を伴い、アウディエンシアの所在地であるグラシアス＝ア＝ディオスへ向かう決意を固めた。そして、五月一九日、ラス＝カサスはアウディエンシアへ向かう途中、同僚のペドロ＝デ＝アングロが責任者として平和的改宗化事業をつづけていたテスルトラン地方を訪れ、旧友との再会を果たし、その成果を確認した。その訪問は伝道師としてのラス＝カサスにとって、まさしく生涯で最も輝かしい勝利を意味した。当時の一史料にはこう記されている。

「インディオは男女、子供を問わず、全員が猊下（げいか）（ラス＝カサス）を出迎え、そのとき、彼らは歌を歌い、踊り、満面に笑みをたたえていた。インディオたちは大事にしていた鶏や羽毛を猊下に惜しげなく贈り、また、猊下および彼に同行した人たちに食糧をふんだんに差し出した。」

その後、ラス゠カサスはテスルトランに数名の修道士を残して平和的改宗化に従事するよう命じ、自らは七月一〇日頃、グラシアス・ア・ディオスへ向かった。

植民地当局への要望と決裂

目的地に到着したラス゠カサスはアウディエンシアに対して、司教区の不穏な状況を説明し、「新法」の遵守と司教区のインディオの救済を求めて、租税額を減じるための再査定の必要性やインディオの荷役負担を中止するための道路建設、スペイン人とインディオを隔離する方法など、事態を改善、収拾するのに必要な事柄を六項目にわたって記した文書を提出し、その実行を強く訴えた。しかし、アウディエンシアの役人はラス゠カサスの要望をまったく無視し、返答もせず、それどころか、ラス゠カサスを狂人扱いした。そこで、ラス゠カサスは皇太子フェリペに書簡を送り、司教区の事態改善に必要な措置を講じるよう請願するとともに、平和的改宗化が着実な成果を挙げていた「戦いの地」を「真の平和の地」、つまり、ベラパスと改名するよう求めた（九月三〇日）。その要請に応えて、王室は翌一五四七年一月一五日に勅令を発布し、同地方を正式にベラパスと命名した。

しかし、アウディエンシアは相変わらず、司教区の事態改善を求めるラス゠カサスの度重なる要望を無視しつづけた。その結果、ラス゠カサスは同年一〇月二二日、アウディエンシアに対して、

㈠教会の管轄権が司教区において円滑に行使できるように配慮すること、㈡聖職者であろうと一般人であろうと、教会、司教、神に対して不敬行為をはたらいたり、反抗的な態度をとる者がいた場合、司教が処罰できるよう、援助すること、㈢過重な租税、荷役、私的労働、および奴隷状態からインディオを解放し、伝道活動を妨げるエンコメンデロのインディオを解放すること、㈣インディオを保護する権利と彼らに対する不正行為を裁く権利が聖職者にあることを宣言し、各地の司法関係者に通達すること、㈤ユカタン地方の征服を中止させること、㈥王室直轄下のインディオを正当に扱うこと、そして㈦「新法」第二六条（九五頁参照）を実施することを要求し、上記七項目の要望に対し、三ヵ月以内に返答がない場合、アウディエンシアの長官と判事を破門に処すと伝えた。

それでも、アウディエンシアはまったく具体的な改善策を示さず、ただ租税額の再査定のために判事を派遣することを決定しただけだった。結局、ラス＝カサスは期待していた援助をアウディエンシアから取りつけることができず、また、「新法」の完全実施を果たすこともできなかった。つまり、彼は植民地当局と決裂し、所期の目的を達成できないまま、一一月一〇日頃、グラシアス＝ア＝ディオスを去り、シウダ＝レアルへ戻った。

しかし、シウダ＝レアルでラス＝カサスが帰途についたことや、インディオの租税を再査定するためにアウディエンシアの判事が派遣されることなどが知れ渡ると、植民者たちは騒然となり、一二月一五日、市参事会は、「ラス＝カサスは勝手に新しい規則（聴罪拒否）を作成し、王権をないがしろにしているゆえ、その規則の撤回を申し入れる。新法が実施されれば、スペイン人は生活に困り、インディオは反乱を起こすだろう。したがって、新法に関しては、すでに撤回を求める代表団が本国に派遣されているので、国王がなんらかの決定を下すまで実施しないよう、要請する。もし以上の要請をラス＝カサスが拒否すれば、私たちはラス＝カサスを司教と認めず、十分の一税の支払いを履行しない」という決議を採択し、さらに、武器を集め、ラス＝カサスが町に入るのを阻止するため、街道沿いに見張りを立てることにした。

シウダー－レアルの不穏な状況を知ったシナカントランのドミニコ会士たちは、帰路コパナグワストランに滞在していたラス＝カサスに、事態は危機的状態となっており、生命が危ぶまれるから、町へ入らないよう勧めた。しかし、ラス＝カサスは司教としての職務を果たすため、町へ赴く決意を語り、一二月二三日の夜明け頃、同僚のビセンテ＝フェレールと黒人フワニーリョを連れて、スペイン人に気づかれずに、シウダー－レアルへ入った。そして翌日、彼は早速司牧活動を開始し、聴罪拒否という強硬な手段を介してインディオ奴隷の解放を企てた。その結果、居所が襲撃され、スペイン人住民や官吏との対立が生命に危険が及ぶ事態にまで発展したため、ついにラス＝カサスも町にいては何もできないと判断し、インディアス枢機会議と国王に状況を報告し、保護を求めるため、スペインへの帰国を決意した。そして、一五四六年三月、彼は同年六月に開催予定のメキシコ司教会議に出席するため、シウダー－レアルを後にし、メキシコ市へ向かった。

一方、ヌエバ＝エスパーニャの初代副王アントニオ＝デ＝メンドサと「新法」実施のためにメキシコ市へ派遣されていた巡察使(ビシタドール)テリョ＝デ＝サンドバルは、「住民がこの上なく憎々しく思っている司教（ラス＝カサス）が到着すれば、町に大混乱が生じ、司教の身に危険が及びかねない」と判断し、テワンテペック、オアハカを経由してメキシコ市に近づいていたラス＝カサスに伝言を送り、しばらくプエブラで待機するよう要請した。その結果、ラス＝カサスは六月までプエブラに滞在し、同月一一日、チョルーラ、ココアカンを通ってメキシコ市へ入った。そのとき、植民者たちは比較的冷静に彼の到着を見守っていた。というのも、カルロス一世が「新法」の修正・撤回を求める植民者たちの抗議運動やペルーにおけるゴンサロ＝ピサロを領袖とする反乱、それに、数百万ドゥカドの献金申し出などの圧力に屈して、一五四五年一〇月二〇日、メヘレンにおいて、「新法」第三〇条（エンコミエンダの段階的撤廃を定めた条項）を撤回し、第三三条（エンコミエンダ関係の訴訟を国王の所轄事項と定めた条項）を修正したという情報がメキシコ市に届いていたからである。すなわち、ラス＝カサスがメキシコ市に到着したとき、「新法」の撤回は既成事実となっており、植民者たちはそれを自分たちの勝利と見なしていたのである。

「新法」の一部撤回

一方、ラス＝カサスはメキシコ市へ向かう途中、国王による「新法」撤回の事実を知り、自分の行ってきた活動が水泡に帰してしまうのではないかという危機感に襲われ、失意のうちにメキシコ市に到着した。しかし、ラス＝カサスには、自分を措いてほかに、神意をないがしろにし、インディオの犠牲のうえに物質的利益を追い求める時代の風潮を押しとどめ、「新法」の撤回条項が第三〇条ならびに三三条以外に及ぶのを阻止できる者はいないという自負があった。したがって、状況は一五三六年の司教会議のときと比較にならないほど不利だったが、この度はチャパス司教というれっきとした肩書きをもって、ラス＝カサスはとくにメキシコ司教スマラガの支持のもと、実質的に会議を統轄することになった。

メキシコ市での司教会議

テリョ＝デ＝サンドバルが国王カルロス一世の命令で開催したヌエバ＝エスパーニャ司教会議はエンコミエンダ制のもとでインディオにカトリックの教義や人間としての秩序正しい、文明的な生活様式を身につけさせるための具体的な方法を検討、審議し、決定することを目的としたもので、会議にはラス＝カサス、副王メンドサ、巡察使テリョ＝デ＝サンドバル、メキシコ司教スマラガ、オアハカ司教フワン＝ロペス＝デ＝サラテ、ミチョアカン司教バスコ＝デ＝キローガ、グァテマラ司教フランシスコ＝マロキン、それに、各托鉢修道会を代表して管区長が三名と一二名の修道士たちが参加した。

二ヵ月に及ぶ会議の結果、㈠スペイン国王はインディオの改宗化に必要な資金を負担し、数多くの優れた伝道師を派遣する義務を負う、㈡宗教教育を怠ったエンコメンデロはインディオを解放し、不正に得た収入をインディオに返還しなければならない、㈢インディオに教会税（十分の一税）の支払いを強制してはならない、㈣伝道活動の費用をインディオから徴収してはならない、㈤分散して住んでいるインディオを新しい村に集住させる、㈥新しく司教区を設置し、管轄領域を定める、㈦インディオの宗教教育を促進するため、公教要理のナワトル語訳を印刷・刊行する、㈧教会および聖職者の特権を尊重し、遵守しなければならない旨を命じること等々が決議され、国王およびインディアス枢機会議に報告され、実行が強く求められた。第二、第三の決議からも明らかなとおり、決議事項は大部分、ラス＝カサスの主張に依拠したものだった。

しかし、司教会議では、ラス＝カサスが執拗に要請したにも拘らず、副王メンドサの強硬な反対に会って議題として取り上げられなかった事項があった。インディオ奴隷の解放ならびに私的賦役の禁止に関わる審議である。その背景には、一五四一年に勃発したヌエバ－ガリシア地方のチチメカ－インディオの反乱――ミシュトン戦争と呼ばれる――があった。副王はスペイン支配を脅かすほど、燎原の火のごとく広がった「反乱」を鎮圧するのに、大勢のエンコメンデロの協力を要請せざるをえなかったので、反乱鎮圧後、その代償として、捕虜にしたインディオを奴隷として所有することを認めた。それは明らかに「新法」に違反する行為だった。しかし、当時、疫病の流行によって、インディオ人口が壊滅的に減少し、彼らの労働力に依存するスペイン人植民者がかなり苦しい状況に追い込まれていたので、「新法」を遵守してインディオ奴隷の解放を行えば、スペイン人植民者の反発を招くのは必定だった。したがって、副王メンドサはインディオ奴隷の解放と私的賦役の禁止を議題にするのを禁止したのである。

ラス＝カサスはそれに不満を抱き、一五四六年七月末、副王を説得して、司教会議とは別に、聖職者会議を自分が逗留していたドミニコ会修道院で開催する許可を取りつけた。その会議には、フランシスコ会士、ドミニコ会士、アウグスティヌス会士らが出席し、奴隷問題と私的賦役に関する審議が行われ、ラス＝カサスは顧問として参加した。同年一〇月頃、聖職者会議では、インディオのもつ正当な財産所有権と領有権にもとづいて、征服戦争の正当性が否定され、圧制的なインディオの私的賦役が厳しく非難され、さらに、「新法」に準じてその正当な権原がアウディエンシアによって確認されないかぎり、インディオ奴隷を所有するスペイン人には例外なく、告白の秘蹟を授与しないという決議がなされた。それはチャパス司教区で奴隷所有者たちの告白を受けつけなかったラス＝カサスの態度を支持するものだった。こうして、二つの聖職者会議の支持を得たラス＝カサスはメキシコ市滞在中、インディオ奴隷所有者に対する《最も有効な武器》と考えられた聴罪拒否に関する詳細な規則を定めた『聴罪規範』*Aquí se contienen unos avisos y reglas para los confesores*（略して*Confesionario*と呼ばれる）と題する論策を書き上げた。

一二の規則『聴罪規範』

『聴罪規範』はもともと短い序文と聴罪司祭が守らなければならない一二の規則を記した実践上の手引きで、別名『聴罪司祭のための一二の規則』*Doce reglas para los confesores* とも呼ばれ、その一二の規則は征服者、エンコメンデロ、インディオ奴隷の所有者には例外なく、また、インディオからなんらかの利益を得た者や商人――征服者に武器や物資を調達する人たち――にも適用されることになっていた。一二の規則はいずれも、教会の権威への絶対的な服従を求めたものであり、とくに第一および第五番目の規則では、臨終間際の悔悛（かいしゅん）者は告白する以前、全財産を聴罪司祭に任せる主旨の法律文書に署名し、インディオに対する返還義務を履行することが求められた。また、いくつかの規則によれば、聴罪司祭は、告白者の手に入れた財産がことごとくインディオから略奪したものであることを明らかにする義務を負った。すなわち、征服戦争はどれも罪深く、不正で、租税と賦役もインディオから不当に得たものであり、奴隷も全員、正当に獲得されたものでないと告げなければならなかった。

したがって、「理由の如何を問わず、聴罪司祭はインディオ奴隷の所有者の告白を聞く以前に、彼に命じて、過去インディオ奴隷から受けた奉仕に対し正当な報酬を支払わせ、その後、彼らを解放させなければならない。もし告白者がインディオ奴隷を売却してしまっている場合、いかなる犠牲を払ってでも、そのインディオを見つけ出して身請けさせなければならない」と定めた第九番目の規則からも分かるように、ラス＝カサスによると、聴罪司祭には、インディオに対する返還義務をスペイン人に全うさせる権利があった。そして、ラス＝カサスは、「告白の目的は悔悛者が罪を免れ、被害者に対して正義が行われることにある。その目的が達成されるためには、聴罪司祭は告解の秘蹟の授与を拒否してでも、悔悛者に賠償義務の履行を確約させなければならない」と記し、聴罪司祭の責任の重さを強調した。

このように、ラス＝カサスは、インディオに対する征服戦争とエンコミエンダがことごとく不正であるという前提のもとに『聴罪規範』を著し、告白という、悔悛者個人が救霊を得るために行う宗教的行為を社会的な目的、すなわち、社会正義を実現するための武器とした。換言すれば、一二の規則は告白という行為を介して「新法」の遵守を強く求めたものだった。しかし、その主張は国王の権威を否定していると見なされる危険があった。なぜなら、征服戦争を許可したのも、エンコミエンダ制を承認し、導入したのも、また、奴隷貿易や戦利品、埋蔵資源から一定の利益を得ていたのも国王にほかならないと考えられたからである。したがって、『聴罪規範』が大逆罪に相当する作品と見なされて激しい攻撃を浴びるのは時間の問題だった。そして事実、『聴罪規範』は一五四八年一一月末、勅令によって撤収を命じられることになった。

『聴罪規範』の表紙
1552年、セビーリャ版

『免罪か永罪か』と最後の航海　しかし、ラス＝カサスはそのような非難を予測して、同じくメキシコ市滞在中に、ラテン語でいまひとつ論策を認めた。それは教会特権に関する論策『免罪か永罪か』*De exemptione sive damnatione* と題される小論で、教会のもつ間接的な世俗権に関する中世の理論にもとづいて聖職者や教会関係者が世俗の君主や判事の権力と強制的管轄権から免れることを論証した文書である。作品で、彼はインディオの救霊をないがしろにする官憲に対して鋭い批判を浴びせ、国王と言えども、神意に背くことを行えば、永罪を受けることになると断言し、国王以下、世俗当局のインディアス問題に関する無知蒙味を厳しく追及した。すなわち、ラス＝カサスによれば、たとえ大逆罪を犯しても、聖職者は世俗の君主や判事の強制的な管轄権から免れ、もし、君主をはじめ官憲が聖職者を不当に処罰したり、処刑すれば、肉体的、精神的かつ永遠なる死を蒙ることになった。

ラス＝カサスはチャパス司教としてスペインからシウダー＝レアルへ向かったときに遭遇したスペイン人の態度や、司教区でアウディエンシアをはじめ世俗当局と対立した経験に鑑みて、また、友人のニカラグア司教アントニオ＝デ＝バルディビエソがスペイン人に殺害されたことや、司教会議に参加するためメキシコ市へ向かう途中に立ち寄ったオアハカのアンテケラ市で、官憲が教会特権を無視して、教会に身を隠した一人の修道士を逮捕し、世俗の法廷にかけて刑を言い渡し、片手を切断したことを知って、教会の権威をないがしろにする世俗当局の越権行為に厳しい批判の目を向けた。とりわけ、アンテケラ市での事件に関しては、メキシコ市到着後すぐ、ラス＝カサスは副王メンドサとメキシコの第二アウディエンシアの八名の判事に「あなたがたは破門された状態にある」と伝え、その責任を厳しく追及し、さらに、アンテケラ市を管轄区内にもつオアハカ司教を職務怠慢だとして激しく非難した。したがって、『免罪か永罪か』は『聴罪規範』のみならず、先記の司教会議での最後の決議を理論的に論証した作品でもある。

つまり、ラス＝カサスは、教会特権を脅かす官憲の越権行為がインディオの救霊と繁栄を阻害する最大の要因と考え、その是正を強く求めたのである。彼は『インディアス文明誌』の中でとくにメキシコの司教会議にふれて、こう記している。

「インディオたちの間には、とくに注目に値することがある。それは、アリストテレスも記していることだが、犯した罪がいかに重くとも、神殿に引きこもった人は例外なく、裁きを免れ、誰も彼を神殿から連れ出すことができないほど、神々や神殿が大いに崇められ、守られていたということである。このことは、ヌエバ＝エスパーニャのすべての司教が会議のためにメキシコ市に参集したとき、わたしの居合わせた所で取り上げた議題である。つまり、インディオの間では、異教を奉じていたとき、罪人であれ誰であれ、神殿に引きこもれば、いかに悪人であっても、免除特権を享受し、裁きの手は彼には及ばなかった。司教たちは、たとえ異教徒の習わしとはいえ、その素晴らしい慣例にもとづいて、我らが主君カルロス皇帝に、教会と教会人に与えられている特権ならびに

免除の遵守を不可侵の命令として下すよう、とくに嘆願した。」（一四一）

このように、ラス＝カサスはメキシコ市で活発な運動をつづけたあと、一二月中旬、ラドラダら四名のドミニコ会士を伴い、オアハカを経由してベラクルスへ向かい、一五四七年三月中旬、スペインに向けて出航した。それは彼にとり、最後の大西洋横断航海となった。

Ⅳ 「人類はひとつ」

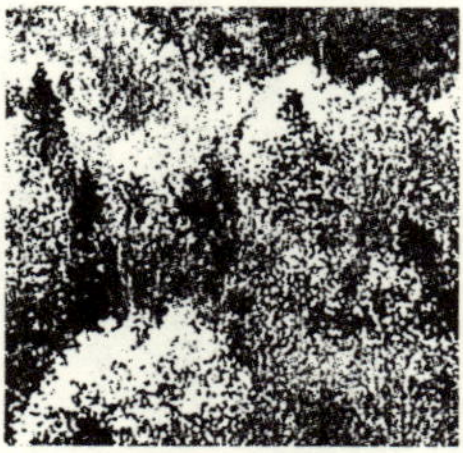

大論戦――一五四七〜五二

アリストテレス学者のセプールベダ　一五四七年六月、リスボンを経由してスペインへ帰国したラス＝カサスは王室の支持を得て、とくにベラパスの平和的改宗化を支援する勅令や、マルドナドやモンテホなど、インディオ奴隷を所有する植民地官吏を罷免する勅令などを数多く手に入れる一方、撤回されなかった「新法」のインディオ保護条項の完全実施に向けて活発な運動を展開した。同じ頃、カスティーリャ枢機会議では、スペインによるインディアス征服・支配を全面的に正当とみなす書物の印刷・刊行をめぐって審議が行われていた。それは『第二のデモクラテス、インディオに対する戦争の正当原因に関する対話』*Democrates Alter, sive De iustis belli causis suscepti contra Indos*（以下『第二のデモクラテス』と略記）と題する作品で、著者は当代随一のアリストテレス学者と謳われたフワン＝ヒネース＝デ＝セプールベダである。

セプールベダは一四八九年頃、コルドバに生まれ、アルカラー＝デ＝エナレス大学で論理学と哲学を学んだのち、イタリアへ渡り、アリストテレス哲学を研究、その後ローマ教皇に仕えた。一五三六年、彼は皇帝カール五世（スペイン国王カルロス一世）の勅選史官に任命され、二〇年以上も滞在したイタリアを離れ、故国スペインへ帰った。イタリア滞在中、セプールベダはアリストテレスの数多くの作品を翻訳、註解し、アリストテレス学者として名声を博し、一五三三年には、オスマン帝国との戦争の正当性を論じた『第一のデモクラテス、戦争とキリスト教の両立に関する対話』*De honestate rei militaris qui inscribitur Democrates, sive De convenientia militiae cum christiana religione* と題する作品をラテン語で著していた。問題の『第二のデモクラテス』は、セプールベダがその『第一のデモクラテス』で開陳した理論をインディアスの征服戦争に適用し、スペインのインディアス支配を正当化した作品である（一五四五年春に完成）。

セプールベダ

征服戦争を正当化する『第二のデモクラテス』

セプールベダはモンデハル侯ルイス＝デ＝メンドサに捧げた献辞に、「この上なく博学で思慮分別を備えた人々の間で、インディオに対する戦争の正当性に関して、意見が大きく分かれています。私はこの問題について熟慮した末、論争に終止符を打つことができるような結論を導くにいたりました。私は、大勢の人が関わっているこの公の問題を座視したり、……黙しつづけたりしてはならないと判断しました」と作品執筆の動機を記し、インディアス論争が宮廷できわめて重要な意味をもっていたことを示唆すると同時に、自分の理論が非の打ち所のない完璧なものであるという自負を忌憚（きたん）なく吐露していた。

『第二のデモクラテス』は二部構成の作品で、『第一のデモクラテス』と同様、対話形式で書かれ、セプールベダはデモクラテスの口を借りて、まず、一般に戦争が正当化されるのに必要な諸条件を、次いでインディオに対する征服戦争が正当であることを立証する具体的な理由を述べた。以下に、セプールベダがインディオに対する征服戦争を正当化する理由としてもちだした四つの論拠を紹介しよう。

（一）アリストテレスの自然奴隷説……セプールベダによれば、「生まれつき愚鈍な人や非人間的で野蛮な習慣に耽る人」は生まれながらにして他人に服従しなければならず、もし彼らが他人の支配を拒んだ場合、ほかに方法がなければ、武力で支配することができる。これは、「理性としての自然法」を説くセプールベダがアリストテレスの『政治学』から導いた結論であり、一度もインディアスに滞在した経験のない彼はゴンサロ＝フェルナンデス＝デ＝オビエドの著した『インディアス博物誌ならびに発見・征服史』*Historia natural y general de las Indias* に依拠してインディオをアリストテレスの言う「自然奴隷」と規定し、彼らの理性を否定した。そして、自然奴隷（インディオ）がより人道的で徳高い国民（スペイン人）や君主に服従することは彼ら自身にとっても有益であり、自然法にも合致すると論じ、服従を通じて、彼らは徳や分別ある行動を見習い、法律を遵守し、より温和な行動を示すようになると主張した。すなわち、セプールベダは、もし彼らが支配を拒否するなら、自然法にもとづいて正当に彼らに戦争を仕掛けることができるとした。

(二) 偶像崇拝、人身犠牲、その他、自然に反する罪………セプールベダは『申命記』、『レビ記』、『出エジプト記』などの聖書を論拠に、偶像崇拝や人身犠牲は神を冒瀆する行為で、人間の本性にも反し、死罪に値する行為だと主張し、したがってそのような行為に耽るインディオの生命や財産を奪うのは正当だと断じた。

(三) 大勢の無実の人々の保護………セプールベダはアステカ王国の人身犠牲を例に、圧政から無実の人々を解放するのはすべての人間に課された義務であり、それを果たさないと、不正を犯すことになると論じ、したがって、人身犠牲などに捧げられる《弱者であるインディオ》を救うための戦争は正当であるばかりか、キリスト教徒には、その戦争の遂行が義務づけられていると説いた。

(四) キリスト教の弘布………異教徒にいっさい区別を設けないセプールベダは、破滅へ向かう人々(異教徒)を、たとえその意志に反してでも、救霊の道へ導くのは自然法および神の法に一致すると説き、目的は手段を正当化するという立場にたって、布教活動は異教徒インディオを予め服従させることで初めて実現できると結論づけた。彼はローマ教皇の間接的世俗権をたてに、アレクサンデル六世の「贈与大教書」をスペイン国王に、インディオを服従させたのち、福音を宣べ伝えることを勧告したものだと論じ、改宗化のための戦争を正当化した。

近代ヨーロッパにおける最初の帝国主義理論とも称されるセプールベダの考えは世俗当局や植民

者の立場を擁護する強力な理論的支柱になったが、すでに国王批判を辞さないほど、王室の進める対インディアス政策に危機感を募らせたラス゠カサスには、とうてい容認できるものではなかった。したがって、セプールベダが『第二のデモクラテス』の印刷・出版を画策していることを知って、ラス゠カサスが時を移さず、可能なかぎりの手を尽くして作品の出版を阻止する運動を開始したのは当然だった。その結果、彼の要求どおり、作品はアルカラー゠デ゠エナレス大学およびサラマンカ大学で内容審査が行われることになり、一五四八年中葉、両大学とも、セプールベダの考えが《間違いがないとはいえない》という理由から、印刷不許可の決定を下した。

大論戦の前哨戦

ラス゠カサスのそのような出版阻止運動に対抗して、セプールベダは、ラス゠カサスがメキシコ市滞在中に密かに著した、聴罪司祭向けの指導要領『聴罪規範』を「人心を惑わす悪魔の書」と決めつけ、その内容を大逆罪に当たるとしてカスティーリャ会議に、異端的であるとして異端審問会議に、それぞれ告発した。そのとき、セプールベダがとくに批判を浴びせたのは、『聴罪規範』の七番目の規則、つまり、「悔悛者がエンコミエンダを所有する植民者で、死の床にある場合、聴罪司祭は、彼が過去に手に入れた財産をことごとくインディオもしくはその子孫、ないしはインディオの村に返還させなければならない」という主張だった。セプールベダはそれを、インディアスに対するスペイン国王の支配権を否定するものだと糾弾したのである。

一方、セプールベダの批判を受けて、ラス＝カサスはインディアス枢機会議の要請のもとに自説を弁じる論策を二篇認めることになった。『三〇の法的命題集』*Aquí se contienen treinta proposiciones muy jurídicas*（一五四八年秋）と『スペイン国王のインディアス支配権論』*Tratado comprobatorio del imperio soberano e principado universal que los Reyes de Castilla y León tienen sobre las Indias*（一五五〇年末か五一年）である。

『三〇の法的命題集』で、ラス＝カサスはローマ教皇の布教義務にもとづく俗権を論じ、さらに教皇の間接的な俗権行使にふれ、トマス＝アクィナスやカジェタヌスの理論に依拠して「これまでキリストの名前を耳にしたり、キリストの信仰を奉じたりしたことのない異教徒の君主は自然法および人定法にもとづいて正当な支配権を享受し、決して罷免されたり、虐待されたりすることはない」と断言した。そして、ユダヤ教徒、イスラム教徒とは異なる異教徒（インディオ）に言及し、「そのような異教徒は支配者も臣民も、たとえ偶像崇拝もしくは忌避すべき重罪を犯していても、事実上も法律上も支配権を奪われたり、財産を没収されたりすることはない」と主張した。さらに、ラス＝カサスはインディアスに対するスペイン国王の権利と義務を「贈与大教書」をもとに論じ、「自発的にカトリックの信仰を受容した場合、インディオの君主はスペイン国王を上位の支配者と認めなければならない」、「信仰を説く前にインディオに戦争を仕掛け、彼らを服従させ、そのあとで彼らを改宗させるのはイエス＝キリストの掟に反し、邪悪極まりない」、「エンコミエンダはインディアスを破壊し、全滅させるために、悪魔が考え出した有害この上ない制度である」といった命題を論証し、最後に、「スペイン国王がインディアスに対して有する権原、至高の支配権は別にして、不正かつ圧制的な征服ならびにエンコミエンダなどを通じて、スペイン人がこれまでインディアスで行ってきたことはことごとく、無効で、法律上なんら価値をもたない。……『聴罪規範』の第七番目の規則はそういう意味である」と記した。すなわち、国王によるインディアス支配をあくまでインディオの改宗化の実現に必要な一手段とみなすラス＝カサスはセプールベダとは正反対に「目的は手段を正当化しない」という立場をとり、改宗化を妨げる征服戦争やエンコミエンダこそ、国王の支配権を脅かすものだと断じたのである。

そのようなラス＝カサスの弁論を受けたのち、インディアス枢機会議は同年一一月末、『聴罪規範』の手稿版の撤収を命じる勅令を発布した。しかし、それは、インディアス枢機会議がラス＝カサスの弁論の内容を危険だと判断した結果ではなく、『聴罪規範』に対して植民者たちが激しい非難を浴びせるのを予測して、事態の鎮静化を目的に取った措置だった。その後、インディアス枢機会議は征服の中止とエンコミエンダの廃止を求めて以前にまして活発な運動をくり広げるラス＝カサスの言い分を受け入れ、征服をめぐる特別な審議会の開催を国王に具申した。その上申書には、こう記されている。

「私たちはそれらの［征服を規制する］法律が過去に遵守されたことはなかったと確信しています。なぜなら、征服を行う者たちが悪事をはたらいても、掣肘を加えたり、批判したりする者がいなかったからです。征服を企てる人たちの貪欲は甚だしく、インディオが怯懦で慎み深いのは想像を絶するほどですから、私たちは、いかなる命令が出されても、それが遵守される確証がもてません。国王陛下が、学識経験者、神学者、法学者、それに陛下御自身が適当と認められる人々から構成される会議を召集し、そこで、征服が正しく、かつ、陛下の良心に危険を及ぼすことなく行われるにはどうすればよいのか、審議、検討させるのが適切でありましょう。」

　カルロス一世は上申書に答えて、一五五〇年四月一六日に勅令を出し、神学者や法学者などからなる審議会で正しい実施方法が決定されるまで、征服を停止する旨を命じた。さらに、七月七日、国王は「新世界へ福音を宣べ伝える方法を検討して法文化し、かつ、ローマ教皇の大教書に則して国王陛下の良心に危険を及ぼすことなく、インディオを国王に服従させる方法を協議するため」、審議会の召集を通達した。ちょうどその頃、ラス＝カサスは国王に書簡を送り、チャパス司教の職を辞する意思を正式に伝えた。彼が辞意を決意したのは、年齢的にも健康状態からしても司教区へ戻るのは難しいと判断した結果であると同時に、開催予定の征服をめぐる審議会に出席して自説を弁じるには、さらにスペインに滞在しなければならず、そうすれば、司教としての重責を果たすことができないと判断した結果だった。

サン＝パブロ修道院　バリャドリード。オノフレ＝ベロス神父撮影

バリャドリード論戦

審議会は八月一五日にラス＝カサスが滞在したバリャドリードのサン＝パブロ修道院で開催され、ラス＝カサスはセプールベダを相手に激しい論戦をくり広げることになった。セプールベダは『第二のデモクラテス』の印刷禁止を不服とし、一五四九年にラテン語で『第二のデモクラテス』を弁じる論策『アポロギア』*Apologia* を書き上げ、ラス＝カサスをはじめ、征服戦争を不正とみなす人たちが挙げる論拠に逐一反論を加えていた。審議会は約一ヵ月ほどつづけられ、セプールベダとラス＝カサスは別々に出頭し、自説を開陳したが、二人とも、爾後（じご）の征服の在り方について審議することを求めた会議の目的から逸れて、過去に行われた戦争の正当性をめぐって激しく論争した。つまり、審議会は具体的な解決策を見出そうとする当初の目的を外れて、ラス＝カサスとセプールベダの理論闘争の場と化したのである。そのため、審議会は《バリャドリード論戦》と呼ばれることになった。

複雑な神学・法学論争　まず、セプールベダが出頭し、『第二のデモクラテス』で開陳した征服戦争正当論をかいつまんで陳述し、次いで、ラス＝カサスがインディアスにおけるスペイン人の征服戦争を正当とみなすセプールベダの論拠に逐一反論を加え、征服戦争の不正を論じた。

ラス＝カサスは、セプールベダが主としてフェルナンデス＝デ＝オビエドに依拠してインディオの文化的能力を否定し、正当戦争論を主張するのに対し、異邦人（バルバロ）には、（一）文明的な生活を送り、自治能力を備えているが、キリスト教徒と思考方法や習慣が異なる人々、（二）自己の意志を他者に伝える表現手段としての文字をもたない人々、そして（三）邪悪な習慣、生来の粗野さ、獰猛（どうもう）な性格ゆえ、獣と変わらない生活を送り、町、家、秩序、法律をもたず、他人とも交際せず、もっぱら掠奪や暴行に耽る人々の三種類があると述べ、第三番目の異邦人は稀有であると論じ、自然奴隷説の対象範囲を限定した。そのあとで、ラス＝カサスは、インディオの文化と歴史（のちに『インディアス文明誌』として形を表す）を長々と語り、彼らがアリストテレスの言う自然奴隷でないことを論証した。

人身犠牲、偶像崇拝、その他の自然に反する罪を論拠に正当戦争論を説くセプールベダに対して、ラス＝カサスは、神が偶像崇拝の罪を理由に異教徒に対する戦争を命じたことはないと断言し、さらに、クリソストムスやアンブロシウスなどを引用して、布教および偶像崇拝の廃止を目的に戦争の遂行を説き勧めたローマ教皇もいないと論じた。ラス＝カサスによると、福音の真理を無視し、拒否しつづける異教徒（ユダヤ教徒、イスラム教徒）の方が偶像崇拝者（神の御言葉を知らないインディオ）よりはるかに罪は重いのに、実際には、キリスト教国に居住するユダヤ教徒やイスラム教徒は異教徒だという理由で教会に処罰されていないのだから、なおのこと、教会には、インディオを処罰する権利はなかった。

彼はカジェタヌス理論に依拠して、教会が異教徒を処罰できるのは、①異教徒がキリスト教徒から奪った土地を占有している場合、②かつてキリスト教徒の管轄下にあった土地で、異教徒が偶像を崇拝したり、忌まわしい悪習に耽ったりして、その土地を穢している場合、③異教徒がキリスト教徒の土地に侵入して、教会を迫害したり、キリストや聖人を冒瀆する場合、④異教徒が故意に信仰の弘布を妨げたり、改宗を希望する者や、すでに改宗した者を攻撃、圧迫したりする場合、⑤トルコ人、モーロ人のように、武力でキリスト教徒の領土に侵入し、戦争を仕掛ける場合か、⑥異教徒が無実の者を不当に圧迫したり、神々に生贄として捧げたり、その死体を食したりする場合のいずれかに限られると主張し、第六番目の場合に言及して、無実の者を救うために行う戦争で、より大勢の無実の者が死ぬ事態が予測される場合、最小悪を認めて、戦争は控えるべきだと断じた。

アステカ王国の人身犠牲などを論拠に無実の人々を圧政から解放するための戦争として征服を正当化するセプールベダに対して、ラス＝カサスは（一）戦争においては、救われる弱者の数をはるかに凌ぐ無実の人々が殺されることになる、（二）戦争では罪人と無実の人を区別することは不可能である、㈢インディオが無実の人を生贄として神々へ捧げて犯す罪は《弁解しうる不知》によるもので、その罪は神が最後の審判において裁くものであり、人が処罰できるものではない、という三つの理由から、戦争という手段に訴えるのは適切でないと主張した。さらに、ラス＝カサスはアリストテレスにしたがって、ヨーロッパ古代の諸民族においても人身犠牲という過ちは一般的に許容されていたから、インディオの場合も「蓋然的な過誤」に陥っていると言えると論じ、神より受けた恵みに対して人間として最高のものを捧げなければならないと考えて生贄を捧げる行為を一概に自然の理性に反する行為とは言えないと弁じた。

進行中の征服戦争を信仰の弘布を目的とする聖戦とみなすセプールベダに対して、ラス＝カサスは『布教論』で開陳した考えをくりかえし、「教えと行為が一致しなければ、つまり、たとえどんなに正しいことを説いても、行為が伴わないと、神は冒瀆される」というクリソストムスの考えを踏襲して、信仰を説く人は自らが生活の模範を垂れて真の神、信仰の真理の証となるよう努めなければならないと主張し、平和的改宗化こそ、キリストが使徒に命じられた伝道方法だと断じた。

こうして、ラス＝カサスは信仰を説く以前に行われる戦争をことごとく邪悪不正で、福音の弘布を妨げるものだと主張し、過去の征服戦争の正当性を全面的に否定した。さらに、彼は、キリストは使徒に向かって、福音に耳を傾けようとしない人々に対しては、足下の塵を払ってその場を静かに立ち去りなさいと命じたと言い（『マタイによる聖福音書』）、彼らの罪は最後の審判の日に裁かれると論じ、異教徒インディオには説教を聞く義務はなく、したがって、彼らが説教を阻止しても、戦争を仕掛けることはできないと結論づけ、審議会の委員たちを動揺させた。

審議会の休会と宮廷活動

このようにラス＝カサスもセプールベダもきわめて複雑な神学・法学論争を展開したため、九月初頭頃、審議会はいったん休会し、委員のひとりドミンゴ＝デ＝ソト（ドミニコ会）が簡潔に双方の論旨をまとめることになった。その結果、『論争概要』と呼ばれる文書が作成された（一五五二年、セビーリャにて出版）。審議会が再開されたのは翌年四月のことで、その間、ラス＝カサスもセプールベダも互いに相手の主張を論駁する小論を認め、激しい理論闘争をくり広げた。一五五〇年一〇月中旬、ラス＝カサスは、セプールベダがローマで印刷した『アポロギア』をインディアスへ送付したのを知って、インディアス枢機会議にその撤収を求め、その結果、撤収を命じる勅令が発布された。

一方、審議会の休会中、ラス＝カサスにとり、無視できない事態が起きた。つまり、ペルーの植民者の代表が多額の献金を持参してスペインへ到着し、当時アウグスブルクに滞在していたカルロス一世に謁見して、エンコミエンダの世襲化を求めたため、同年一一月中旬、バリャドリードでエンコミエンダの世襲化をめぐる審議会が開催されたのである。当然、ラス＝カサスもその会議に出席し、エンコミエンダの世襲化に激しく反対し、結局、会議ではペルーのエンコミエンダの世襲化については結論が出ず、見送られることになった。

同じ頃、ラス＝カサスはドミニコ会のカスティーリャ管区長バルトロメー＝カランサ＝デ＝ミランダに請願書を送り、ラドラダともにバリャドリードのサン-グレゴリオ神学校で余生を送る許可を求め、翌年、その願いは聞き届けられた。そうして、サン-グレゴリオ神学校を終の棲家と定めたラス＝カサスは晩年を宮廷活動に捧げることになった。つまり、それ以後、彼はインディアス各地へ伝道師を派遣したり、大著の執筆・編纂に従事したり、数篇の論策を公にしたり、さらには、インディアス問題に関する国王の顧問として活躍したり、インディアス各地から任された数々の任務を宮廷で果たすことになったのである。その際、ラス＝カサスにはインディアス枢機会議で毎日二時間、意見を開陳することが許された。

『支配権論』と『弁護論』の執筆

こうして、ラス＝カサスはバリャドリードに滞在して宮廷活動をつづけるかたわら、一五五〇年末頃から二篇の論文の執筆を開始した。ひとつは、『三〇の法的命題集』の各命題を論証するための論策『スペイン国王のインディアス支配権論』である。

『支配権論』は主としてローマ教皇の権威と管轄権を論じた作品であり、ラス＝カサスは聖書やトマス＝アクィナスなどの権威に依拠して、教皇の霊的な管轄権に言及し、教皇は神の法にしたがってその《潜在的な》臣下である異教徒に対しては強制的な管轄権を有さないと主張した。彼によれば、スペイン国王はキリストの代理者との一方的な約束――ローマ教皇アレクサンデル六世の「贈与大教書」の受理――によって、信仰の弘布と救霊という目的の達成を義務づけられており、したがって、スペイン国王がローマ教皇から委ねられた管轄権が強制的なものになるには、インディオの自発的な臣従が絶対不可欠な条件だった。換言すれば、彼によると、スペイン国王のインディアス支配が正当なものとなるには、スペイン国王とインディオの君主との間に一種の政治協約が締結されなければならなかった。

いまひとつの論策は、ラス＝カサスが『支配権論』よりやや早く起筆し、ほぼ一年を費やしてラテン語で書き上げた『新世界の住民を弁ずる書』*Adversus persecutores et calumniatores novi orbis ad occeanum reperti*（以下『弁護論』と略記）である。『弁護論』は、セプールベダが『アポロギア』で開陳した、インディアスにおけるスペイン人の征服戦争を正当化する四つの理由に逐一反論を加えた作品で、とくにラス＝カサスは、セプールベダが自説の論拠としたクロニカ『インディアス博物誌ならびに発見・征服史』の著者フェルナンデス＝デ＝オビエドに批判を浴びせ、「真面目で慎ましいインディオたちに敵対して絵空事をまるで真実かのごとく書き認めた不名誉きわまりない人物」と断じ、糾弾した。

さて、一五五一年四月一〇日頃、休会していた征服をめぐる審議会がバリャドリードで再開されたが（五月初旬に閉会）、その会議に関しては、審議の内容を伝える史料が数少なく、詳しいことは定かでない。しかし、一五五四年一二月にインディアス枢機会議がバリャドリード会議を総括してカルロス一世に提出した上申書に、「その場（バリャドリード審議会）では数多くの原因や理由が論じられたが、とくに、征服において加えられる害や犯される重罪を弁明するのが難しいことから判断して、征服実行の許可を与えるのは陛下の良心に危険を及ぼすものと見なされた」と記されていることから判断すれば、二度にわたる審議会では、征服の中止を求めるラス＝カサスの主張が支持されたと言えるだろう。

『インディアス文明誌』と『インディアス史』

論策の印刷・刊行

一五五一年五月中旬以降、ラス＝カサスは再び伝道師の募集と派遣に従事し、王室やドミニコ会から平和的改宗化の実施のための支援を取りつけるのに奔走した。当時、ラス＝カサスが最大の関心を払ったのは、ベラパスが所属する新設管区サン＝ビセンテ＝デ＝チャパスへドミニコ会伝道団を派遣することだった。彼は同年一二月中旬すぎまでマドリードに滞在し、サン＝ビセンテ＝デ＝チャパスへ向かうドミニコ会伝道師の募集に全力を注ぎ、三二名の伝道師を集め、一二月末、伝道団派遣の最終手続きを行うため、久しぶりに生地セビーリャへ向かった。

一五五二年一月初頭セビーリャに到着したラス＝カサスは同地のサン＝パブロ修道院に滞在し、伝道団の派遣業務に携わった。しかし、仕事は思うように進捗せず、しかも、伝道師の中から離脱者が現れた。フロリダでラス＝カサスの説く平和的改宗化の実現をめざしたドミニコ会士ルイス＝カンセルが殉教したという知らせが届き、伝道師たちの間に、平和的改宗化に対する不安と疑念が噴出したのである。その結果、ドミニコ会伝道団は当初三二名いたのが、同年一一月末にセビーリャを出航したとき、わずか六名に減ってしまった。伝道師がそのように次々と離反していくのに失望したラス＝カサスは同年八月から翌年一月にかけて、『矯正論』、『聴罪規範』、『インディアスの破壊についての簡潔な報告』、『三〇の法的命題集』や『支配権論』など、自らが著した論策八篇を印刷・刊行した。

当時、ラス＝カサスは、「神は私に、永遠に他者の苦しみを嘆き悲しむ役目を負わされたようである」と書き記しているように、インディアス改革のために長年払ってきた自らの努力が水泡に帰すのではないかという危惧を抱き、大きな精神的な危機に襲われていた。その背景には、セビーリャの通商院のみならず、スペインのドミニコ会の各修道院長がラス＝カサスの主唱する平和的改宗化に従事する伝道師の募集と派遣に消極的であったことや、ルイス＝カンセルの殉死の知らせが届き、伝道志願者の中からしだいにラス＝カサスから離反する者が現れたことなど、必ずしもドミニコ会士がラス＝カサスの平和的改宗化理念に共鳴していなかった事実があった。ラス＝カサスにとり、平和的改宗化の否定はスペイン国王のインディアス支配の正当な権原の否定につながる許容しがたいことであり、しかも、それが以前のように王室官僚や植民者ではなく、同じ修道会に属する聖職者の態度だったとすれば、なおさらだった。インディオの救霊に携わる聖職者の存在と役割は、征服者、植民者、王室官吏、ひいては国王よりも、はるかに重要なものだったからである。したがって、ラス＝カサスが「殉教してでも、神意の実現に尽くすべき」と考えた聖職者がその任務の遂行に消極的であるのを知って、大きな精神的危機に見舞われたのは想像に難くない。しかし、数少ないとは言え、インディアス、とりわけベラパスには、彼の理念にもとづいて布教を進める伝道師がいた。したがって、セビーリャにおける八篇の論策の印刷・刊行は、インディアスの改革をめざす「政治家」ラス＝カサスが彼らを支援するために、また、神意の実現を訴えるために行った最後の賭けだった。

『歴史』の執筆再開

このように、ラス＝カサスはセビーリャ滞在中にインディアスの改革に大きな危機感を募らせながら、いまひとつ重要な仕事に携わった。すなわち、滞在先のサン-パブロ修道院に保管されていた膨大な「コロン文庫」を利用して、一五三四年以降、執筆をほとんど中断していた『歴史』の執筆と編纂を再開したのである。蔵書数一万五〇〇〇冊を越える「文庫」には、プリニウスの『博物誌』、マルコ＝ポーロの『東方見聞録』、アエネアス＝シルヴィウス＝ピッコロミーニの『世界誌』や枢機卿ピエール＝ダイの『世界の姿』、プルタルコスの『英雄伝』やセネカの『悲劇』など、クリストバル＝コロンが西方航海に乗り出す以前に読み親しんだ旅行記や地理書が含まれ、「文庫」は文筆活動をつづけるラス＝カサスにとり、貴重な資料の宝庫だった。

「文庫」には、コロン自筆の航海日誌（第一次および第三次航海）の写本やコロン関係の文書が保

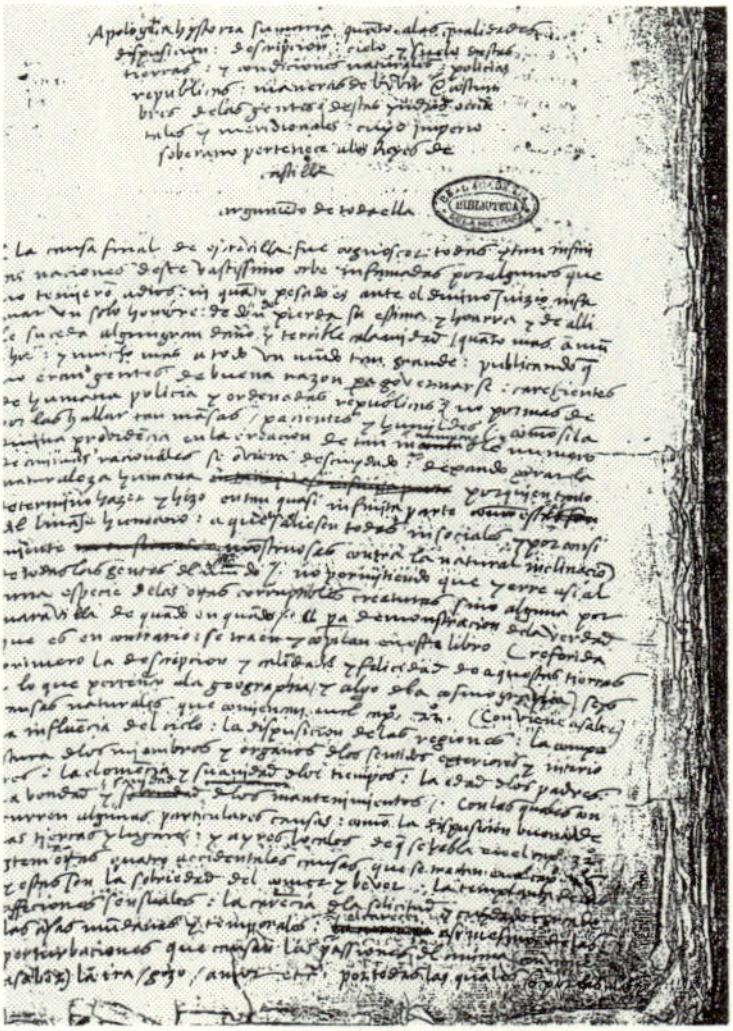

『インディアス文明誌』の自筆原稿

管されていたので、ラス＝カサスはそれらを筆写する作業に従事した。とくにコロンの第一次航海の日誌は、ラス＝カサスが写本をもとに作成した要約のみが現存し、それが第一次航海の模様を伝える唯一貴重な史料である。しかし、それは単にコロンの航海の記録としてのみならず、当時のラス＝カサスの心情を伝える重要な史料でもある。というのも、ラス＝カサスはコロンの日誌を転写しながら、自らのコメントを欄外に書き綴ったからである。

例えば、一四九二年一二月一六日（日曜日）の箇所では、「（エスパニョーラ島）のインディオたちは皆裸で歩いており、武器をもっておりませんし、また、武器を扱う技術も有しておりません。彼らはきわめて臆病でありまして、千人かかっても、こちらの三人を防ぐことができないだろうと思われます。したがいまして、彼らには、命令を与えて、働かせ、種を播かせたり、その他、必要なあらゆることをさせれば、まことに都合がよい者どもであります。そして、彼らに村落を作らせ、衣服をつけて歩くことや、われわれの習慣を教えるべきなのであります」と、コロンの日誌を転写したあと、後半の文章に関して、ラス＝カサスは「提督は自らのなすべき事柄からいくぶん逸脱しているようである」と自分の意見を付した。

つまり、神に選ばれて「発見」という偉業を成し遂げながら、自らその神の意志に背いてエスパニョーラ島の破壊に手を貸したコロンに対し、ラス＝カサスは厳しい批判の目を向けたのである。

『歴史』の構想

同じ頃（一五五二）、ラス＝カサスは現在の『インディアス史』の冒頭に収められた《序文》を執筆し、歴史書の役割や歴史家の資質を論じたあと、「筆者の見るところでは、ある人たちはこのインディアスの事柄について、彼ら自身は実見したことがなく、生半可に耳で聞いただけのことを……書き記している。その人たちは干からびた、不毛の、事物の表面にのみ拘泥して、人間の理性を涵養し、育成すべき事物の内面へ入り込むこともせずに――万事を人間の理性に従って整序しなければならないはずであるのに――真実をひどく歪めながら歴史を書いているのである」と記し、フェルナンデス＝デ＝オビエドをはじめ、「無思慮だったために真相の見えなかった」スペイン人記録者たちに厳しい批判を浴びせた。

彼は、同時代人が自らの宗教と文明を絶対的なものと考え、インディオが築いた文明や彼らの生活習慣を野蛮と決めつけて征服を正当化する態度の中に傲慢さを見て取り、文明や歴史に対するスペイン中心の、ひいてはヨーロッパ中心の考え方、すなわち、ヨーロッパ中心主義的解釈に異議を唱えた。そして、彼は、自分が歴史書を執筆する動機のひとつは、「わがスペインの国民を、彼らが陥っている、そして、今まで陥ってきた、きわめて重大かつ危険な誤謬と欺瞞から解放するためだ」と明言した。そこに、「大航海時代」の当初にあって、形成されつつあったヨーロッパ中心主義を鋭く批判した稀有な「歴史家」の姿を見て取ることができる。

ラス＝カサスはその《序文》で『歴史』の構想を以下のように記した。

「ここに記述される内容には、筆者と同じ年代に起こった様々の世俗的・現世的出来事のみならず、教会関係の出来事についても語られることになるだろう。……それから、また、このインディアスの各地方や国々やそれぞれの土地の性質、本質、特質とか、その他これらの地域の内包する事物とかを、同地域の先住民の風俗、習慣、宗教、儀礼、性格などと混ぜ合わせることもある。また、これらの先住民と他の多くの民族と比べ合わせることもあり、適当と思われる場合には、世界形状学（コスモグラフィーア）や地理学の材料にふさわしいような内容にもふれることになるだろう。……本書は六つの部分、すなわち、六巻から成り立ち、ほとんど六〇年間の歴史を包含するものとなろう。」

つまり、ラス＝カサスは一五五二年の段階では、『歴史』を編年体で綴る「発見・征服の歴史」、すなわち「出来事の歴史」と「インディアスの自然・博物誌」の両者を含み込むクロニカ（記録文書）として構想していた。しかし、彼は「出来事史」を書き進めるうちに、クロニカを『インディアス史』と『インディアス文明誌』に分離・独立させることを決意するにいたった。そして、ラス＝カサスは『インディアス文明誌』の執筆・編纂に携わるかたわら、またそれを完成したあと、『インディアス史』の編纂に心血を注ぐことになるが、『インディアス史』は三巻（ほぼ一五二〇年代まで）しか書き上げることができなかった。

思想の普遍性を示す『インディアス文明誌』

『インディアス文明誌』は同時代の他のクロニカと異なり、読者を楽しませ、知的好奇心を満足させるために書かれたものではなく、フェルナンデス＝デ＝オビエド、ロペス＝デ＝ゴマラやセプールベダなど、神を畏れぬ一部の人たちの謂れなき誹謗・中傷に晒されたインディオたちの尊厳と名誉を守るために著されたきわめて論争的な作品である。作品は全二六七章からなる浩瀚なもので、インディアスの恵まれた自然条件、インディオの先天的な能力と後天的な能力を自らの経験ならびに主として聖職者から収集した情報をもとに、該博な知識を駆使しながら、ヨーロッパの自然や古代の諸民族と比較して論証した、当代まれな比較民族誌でもある。

内容別に見ると、作品の構成は実に不均衡で、インディオの後天的能力を論証する部分が全体の八割以上、つまり二二四章を占め、異様に膨れ上がっている。それは、アリストテレスの定めた規準に照らして、スペイン人到来以前のインディオが完全な社会を築いていたことを詳細に立証した部分であり、その中でも、宗教に関わる記述が全体の半分以上を占めている。それは、すでに見たように、当時、インディアス問題をめぐる論争の中で、インディオの偶像崇拝や人身犠牲を理由に進行中の征服戦争を正当化する考えが通念となっていたことを考えれば、当然のことだった。

ラス＝カサスは古代のローマ人やギリシア人の獣的な人身供犠の実態を詳述したあと、インディオが神々への篤い信仰心にもとづいて行っていた人身犠牲にふれ、以下のように記している。

「最良にして一番貴重な、そして、高価にしてこよなく愛するものを、このうえなく細心の注意を払い、熱心かつ懸命に、大変な苦労をして生贄として神に捧げる人々は明らかに、神に備わった卓越さ、高貴さ、威厳や価値について、また、被造物が神に負っている借りに関しても、はるかに優れた高貴にして高邁な考えと自然な判断と認識を抱いている。……神々に人間を犠牲にして捧げた民族は（悪魔にだまされて偶像を崇拝した者としてではあるが）神々の卓越さ、神聖さや価値について、この上ない高邁な考えを抱き、きわめて高尚にして高邁な判断を下したことになる。したがって、彼らはどの民族よりも自ずと優れた考察を行い、理性にもとづいて思量をめぐらし、判断を下し、悟性にもとづく行為を実践したことになる。」

このように、ラス＝カサスは信仰心（宗教性）という概念にもとづいて、事実としても、また、自然法と人定法に照らしても、人身犠牲は許容できる宗教行為であると論じ、キリスト教徒が崇める絶対神の存在を否定しかねないような主張を開陳した。しかし、その主張はキリスト教を絶対視する偏狭な精神の枠を越えた「人類はひとつ」という確信にもとづいていた。換言すれば、それは、ヨーロッパ人とインディオの間に人間としてのいっさいの差を認めないラス＝カサスの思想の普遍性を示す主張だった。

『インディアス史』での黒人奴隷問題への言及

その確信は、ラス＝カサスがその後完成することになる『インディアス史』にも認められる。ラス＝カサスは進行中の征服戦争に関するスペイン人の歴史観に厳しい批判を加え、「真実の歴史」を書き残すために『インディアス史』を著したが、その中で、自らを第三人称で語り、エンコメンデロ兼在俗司祭「ラス＝カサス」と回心後修道士となるまでの植民事業家「ラス＝カサス」を厳しく断罪した。そのように自己自身を根底から問いただす「歴史家」ラス＝カサスにとり、避けることのできない問題があった。一五一四年以来、しばしば彼が導入を勧告した黒人奴隷の問題である。

今日にいたるまで、ラス＝カサスは黒人を犠牲にしてインディオを擁護したとして告発され、人種主義者だと非難されつづけてきた。すなわち、彼はインディオに代わるべき労働力としてインディアスへ黒人奴隷の導入を献策した最初の人物と見なされたのである。しかし、ラス＝カサスは黒人奴隷導入の最初の立案者ではない。それは、黒人奴隷貿易がすでに一五〇一年九月の勅令によって始まったことからも明らかだし、ラス＝カサスが求めたのは製糖工場（インヘニオ）における過酷な労働をインディオの代わりに行う黒人を数名連行することだった。ラス＝カサスは、インディオは華奢（きゃしゃ）な体格なので、その労働に耐えきれないが、黒人は頑強な肉体の持ち主なので、労働に耐えられると判断したのである。

確かに、ラス＝カサスは晩年近くになるまで、つまり、一五五二年頃まで、アフリカにおける黒人の奴隷化の合法性に疑義を挟まなかったが、少なくとも、同時代、黒人奴隷問題を提起したスペイン人は一人もいなかった。おそらく、ラス＝カサスは一五四七年頃、リスボンのドミニコ会修道院に滞在したとき、アフリカにおける黒人の奴隷化の恐ろしい実態に目を開かされ、黒人奴隷の正当性に疑問を抱いたのだろう。そして、彼は、ポルトガル人による黒人の奴隷化がインディアスでインディオを相手に犯しているスペイン人の非道な行為と変わりがないことに気づいた。それゆえ、ラス＝カサスは『インディアス史』に黒人奴隷導入を勧告した過去の過ちを以下のように告白したのである。

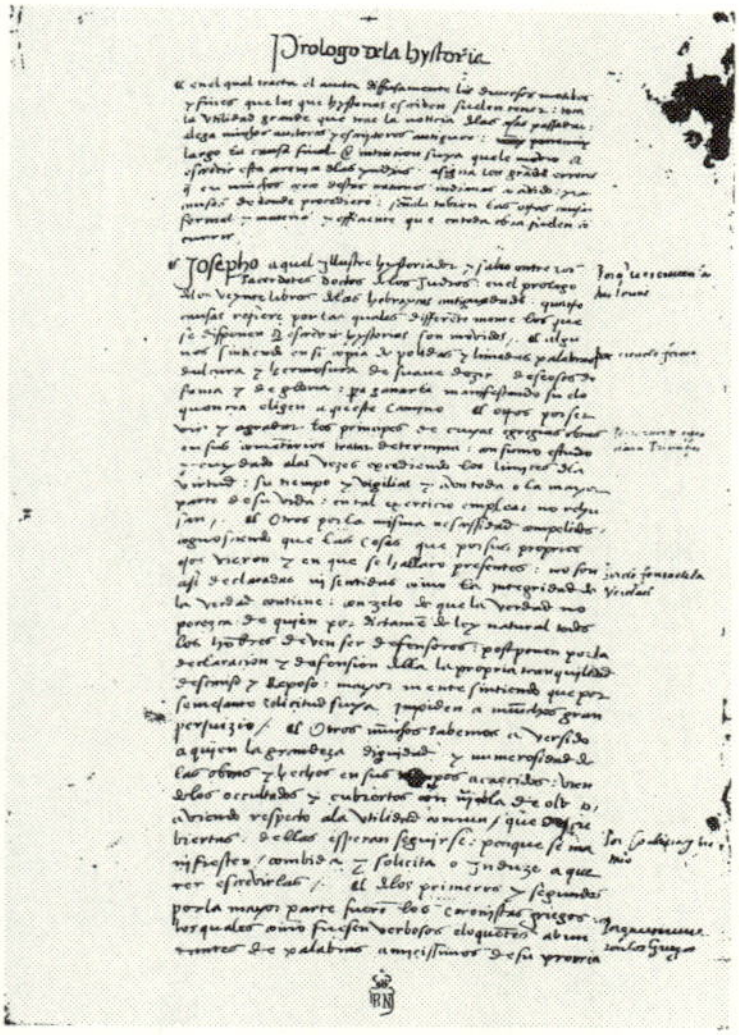
Prologo dela hystoria

『インディアス史』の自筆原稿

「聖職者カサスはまず、この土地へ黒人奴隷を導入する許可を与えるよう上申したが、そのとき、彼はポルトガル人が黒人を不正な形で捕らえて、奴隷にしていることに気づかなかった。彼はその不正を認識してから以後は一度も黒人奴隷の導入を求めなかった。ポルトガル人が不正かつ圧制的に黒人を捕らえて奴隷化していると考えたからであり、インディオを奴隷化するのが不正であるのと同じ理由から、黒人を奴隷化するのも、不正だからである。」（三―一〇二）

こうして、インディアス史とアフリカ史に通底するヨーロッパ人の歴史認識に問題性を嗅ぎ取ったラス＝カサスは「人類はひとつ」という確信のもとに、『インディアス史』の中に「アフリカの破壊についての簡潔な報告」とも呼べるアフリカ関係の章を挿入した。つまり、ラス＝カサスは黒人の奴隷化の不正を訴え、彼らを擁護した最初のヨーロッパ人なのである。

このように、ラス＝カサスはセビーリャ滞在中に論策の印刷・刊行やサン＝ビセンテ＝デ＝チャパス管区向けの伝道団の派遣に従事するかたわら、大著『インディアス史』と『インディアス文明誌』の執筆と編纂に携わったのち、一五五三年一月初頭、マドリードへ向かった。そして、それ以後も、ラス＝カサスは文筆活動をつづけながら、宮廷では国王に一縷の望みを託して、平和的改宗化の実現やインディオの悲惨な状況の改善を求める政治的な活動をつづけた。しかし、間もなく、その望みが断たれるような事態が惹起した。ペルーの植民者代表がエンコミエンダの世襲化を求めて再び活発な宮廷活動をくり広げたのである。

V

晩年のラス＝カサス

国王との決別

エンコミエンダ売却の決定　すでに見たように、エンコミエンダの世襲化については、一五五〇年秋にバリャドリードで開催された特別審議会では結論が出ず、実施は見送られた。しかし、当時、公債を売却したり、インディアスからの税収入による決済などを条件としたアシエントと呼ばれる制度を設けてドイツ人、ジェノヴァ人、フランドル人やスペイン人の金融業者から融資を受けたりして、ヨーロッパにおけるハプスブルク王朝の覇権の確立と維持をめざすカルロス一世の政策の遂行に必要な費用の捻出に苦慮していた王室の財務枢機会議は、慢性的な赤字財政を建て直すためには、エンコミエンダの世襲化が不可欠だと判断し、一五五三年三月、国王にエンコミエンダの売却を勧告した。

一方、ペルー副王領では、ゴンサロ＝ピサロの反乱が鎮圧された後、安定した植民事業が緒につくものと期待されたが、一五五三年、エンコミエンダの下賜（かし）や私的賦役を禁ずる勅令の実施をめぐって、再び植民者が王室に対して不穏な動きを示した。とくに、裕福なエンコメンデロたちはリマで会議を開き、アントニオ＝デ＝リベラ以下二名を代表としてスペインへ派遣することを決定し、

フェリペ二世

彼らは、エンコミエンダの世襲化が王室にとってもインディオにとっても有益であることを弁じ、民事ならびに刑事裁判権を伴うエンコミエンダの売却を要請することになった。

一五五四年、カルロス一世は不穏な状況がつづくペルーの事態を早急に収拾する必要があると考え、当時イギリスのメアリ＝チューダーとの結婚式のためにロンドンに滞在していた皇太子フェリペに、《エンコミエンダの世襲化の是非》について審議するよう伝え、全権をフェリペに委ねた。その結果、同年一一月、いわゆる「ロンドン会議」が開催され、三日間にわたり論議が戦わされたのち、採決がとられ、一〇対二で、エンコミエンダの世襲化が承認された。一五五五年二月中旬、フェリペは「ロンドン会議」の決議を受けて、財政危機を乗り切るために、インディアスの土地とその住民をスペイン人に売却する意志を固め、カスティーリャ枢機会議とインディアス枢機会議にエンコミエンダの世襲化の実施にまつわる諸問題を審議、検討するよう求めた。しかし、一五五五年五月中旬、インディアス枢機会議は、ペルーにおいて植民者の独断専行を防ぎ、王権を確立するためには、「現状ではエンコミエンダの世襲化は見合わせるべきである」との結論に達した。

しかし、一五五六年初頭スペイン国王に即位したフェリペ二世は同年九月五日、滞在先のガンよりインディアス枢機会議に書簡を送り、こう伝えた。

「今やペルーは平定され、時機も到来したと思われるので、私はレパルティミエント（エンコミエンダのこと）の世襲化を承認し、遅滞なくその実行を命じる決意を固めた。また、財政状態がかなり深刻かつ緊迫し、王国も貧窮し、疲弊しきっているし、私には王国を支え、守っていく義務があり、また、王国が敵の攻撃を受け、塗炭の苦しみに陥るような事態になるのを避けなければならない大きな責任があるので、この決定を下すことにした。」

つまり、国王はペルーにおけるエンコミエンダの売却を決定したのである。こうして、フェリペ二世は逼迫した国家財政を建て直すために、世襲化と引き替えに一七六万ペソという莫大な額の献金を申し出たペルーの植民者代表アントニオ＝デ＝リベラらの要請を受け入れることになった。エンコミエンダの世襲化は、ラス＝カサスによれば、国王が自ら臣下であるインディオを植民者に売却するのに等しい行為であり、とうてい容認できることではなかった。

国王への反対文書

ラス＝カサスが「ロンドン会議」のことを知ったのは一五五七年七月のことで、そのとき、彼はバリャドリードのサン－グレゴリオ神学校時代の旧友で、当時フェリペに随行してイギリスへ渡っていたトレド司教バルトロメー＝カランサ＝デ＝ミランダから会議の内容を伝える書簡を受け取ったのである。ラス＝カサスは時を移さず、《書簡論文》と名づけられる浩瀚な文書をカランサに送り、「ロンドン会議」の決定に異議を唱え、世襲化の決定を撤回させるよう強く求めた。彼は、エンコミエンダの世襲化は重大な問題だから、スペインにおいて国王の臨席のもと、多くの学識者が一同に会して慎重に協議して決定すべきであると記し、さらに、インディオにはスペイン王室の財政窮乏を救済する義務はいっさいないので、国王はインディアスから一レアルたりとも手に入れることはできないと主張した。

そして、ラス＝カサスは、「今や国王がインディオを永遠に圧政者の手に委ね、彼らに関する記憶や名残りをこの世から抹殺しようとしている……、国王は圧政者を厳しく処罰しなかったゆえに、神罰を受けることになろう」と激越な語調で怒りをあらわにし、さらに、「あの無辜な人々（インディオ）が掠奪、圧迫、破壊という被害を蒙ってこれまで六一年以上もの歳月が流れ、また、皇帝がカスティーリャを治めるようになって四〇年も経過するが、これまで一度として皇帝は事態の解決を図ったためしがなく、いつもその場かぎりの手しか打たなかった」と断じ、かつてないほど大胆かつ厳しく国王カルロス一世の対インディアス政策を糾弾した。それまでラス＝カサスは征服者、エンコメンデロ、インディアスの植民当局や宮廷の権力者を攻撃しても、つねに国王の立場を弁護していたが、ことここにいたって、王権擁護の立場を捨て去り、国家財政の建て直しのために、臣下であるインディオの売却を実行することになれば、国王はそれまでインディオが蒙ってきたおびただしい不幸の共犯者になると言い放った。

さらに、ラス＝カサスは、スペイン国王のインディアス支配の権原はローマ教皇アレクサンデル六世の「贈与大教書」によってアープリオリに正当化されているという従来の考えを修正し、インディアス支配の究極的な目標の実現を重視するにいたった。つまり、彼によれば、国王はインディオの精神的至福（キリスト教への改宗）と物質的な繁栄の実現をたえず希求し、達成しなければならず、そのためにはインディアスへ渡るスペイン人個人の利益は言うまでもなく、自らの利益やスペイン全体の利益も後回しにすべきだと主張した。また、彼はカランサあての書簡で、国王権力の起源や君主と人民の関係に関する従来の考えを発展させて、新しい理論を開陳した。

以前、ラス＝カサスはローマ教皇の管轄権を異教徒に対する場合とキリスト教徒に対する場合とに区別し、前者を自発的管轄権、後者を強制的管轄権と名づけ、スペイン国王がインディアスに対して有するのは自発的管轄権であり、それが強制的管轄権となるためには、インディオの自発的な臣従が不可欠な条件であると主張していた。しかし、彼はカランサへの書簡で、その主張をさらに発展させ、スペイン国王が正当な支配者としてインディアスを統治するためには、まず第一にインディオの改宗が必要であり、次いで改宗したインディオの支配者とスペイン国王との間でいわば《政治協約》が締結され、国王を至上の君主として承認する手続きが要求されると説いた。

こうして、キリスト教徒にあるまじきスペイン人の行動、エンコミエンダの弊害や法令の無力さを知り尽くしたラス＝カサスは国王の対インディアス政策の過ちを告発し、国王の良心を問いただし、その責任を厳しく追及した。そして、一五五五年末か翌年の初頭に、彼は国王による臣下の売却が越権行為であることを自然法、神の法、人定法ならびに教会法にもとづいて立証する論策『王室の譲渡不能な財産と公職売却の不正について』*De non alienandis opibus a regia corona, nec vendendis publicis officiis* を著した。さらに、彼はマドリードのアトチャ修道院から当時フランドルに滞在していたフェリペ二世に二〇項目にわたる理由を挙げてエンコミエンダの世襲化に反対する文書を送った。その二〇番目の反対理由に、彼はこう記した。

「[私が世襲化に反対するのは]これから王国の統治を始められる陛下が、世界のいかなる国王にまして、神の照明と救いを必要としておられるからです。それは、陛下が歴代の国王がおそらく経験したことのないような数多くの難局に直面しておられるからです。通常、国を治める者は大量の財貨を得ても難局から逃れられません。とくに、その財貨の取得に疑惑がもたれる場合は、言うまでもありません。難局を乗り切るには、神の救いと恩寵に頼る以外に方法はありません。したがいまして、陛下はことを実行に移す場合、神の憤りや怒りを買わないようにしなければなりません。」

これはキリスト教君主としてのフェリペ二世に強く反省を求め、王の良心にインディアス改革への一縷（いちる）の望みをかけたラス＝カサスの最後の訴えだった。

「インディオの全権代理」ラス＝カサス

一五五六年九月、ラス＝カサスはマドリードからバリャドリードへ戻り、一五五九年末頃までサン-グレゴリオ神学校に滞在しながら、ペルーのエンコミエンダの売却に反対する運動を粘り強くつづけた。フェリペ二世の最終的な決断を知ったラス＝カサスは当時スペインに帰国していたペルーのドミニコ会管区長ドミンゴ＝デ＝サント＝トマスとともに、インディアス枢機会議でフェリペ二世の決定に異議を唱え、一五五七年の前半、エンコミエンダ世襲化の決定を撤回させるため、ペルーのインディオから全権委任を取りつけようと考えた。そして、一五五九年末か翌年初頭、ラス＝カサスはドミンゴ＝デ＝サント＝トマスと連署で、世襲化に反対する覚書を「ペルーのインディオの全権代理」という肩書きでインディアス枢機会議に提出した。つまり、エンコミエンダの世襲化に反対の決議をしたクスコ、ワマンガなどのペルー副王領のインディオを代表して、リマのクラーカ（首長）たちが一五五九年七月一五日付けで宮廷における彼らの利益代表者としてラス＝カサスとドミンゴ＝デ＝サント＝トマスらに全権を委任したのである。

このように、ラス＝カサスがインディオたちから宮廷における彼らの全権代表に指名されたのはこれが最初ではなかった。すでに一五五六年五月、ちょうどヌエバ－エスパーニャの植民者やメキシコの市参事会がエンコミエンダの世襲化や「新法」の修正などを求めて激しい反ラス＝カサス運動を展開していた頃、ヌエバ－エスパーニャ副王領の中央部に位置するテスココ、イシュタパラパ、コヨアカンなど、重要な村や町のカシーケなどがフェリペ二世に対して宮廷における彼らの代表にラス＝カサスを任命するよう請願していた。また、その一年前の一五五五年七月、ラス＝カサスは、ヌエバ＝エスパーニャのスペイン支配を脅かすほどの大規模なインディオの「反乱」——一五四一年に勃発したミシュトン戦争——を指導した人物の一人で、当時捕らえられてスペインへ身柄を送還されていたハリスコ地方ノチストランのカシーケ、フランシスコ＝テナマストレとバリャドリードで出会い、彼の要請を受けて、インディアス枢機会議にスペイン人征服者の非道な振る舞いを訴え、カシーケとしての地位の保全などを求める文書を作成していた。それらの文書はいずれも現存しており、被征服者であるインディオのラス＝カサス観を知るうえで貴重な史料となっている。

エンコミエンダ世襲化の見送り

さて、先記のドミンゴ＝デ＝サント＝トマスと連署でインディアス枢機会議に提出した覚書で、ラス＝カサスは、売却が国王に及ぼす弊害を列挙したあと、国王が世襲化の決定を撤回するのなら、ペルーのインディオには、アントニオ＝デ＝リベラが申し出た金額を一〇万ドゥカド上回る額の献金を行う用意があると伝えた。そして、献金実行の条件として、世襲化の撤回はもとより、(一) エンコミエンダの所有者が死亡したり、所有期限が切れた場合、そのインディオを王室に直属させる、(二) エンコメンデロ、黒人、その他スペイン人に仕える者がインディオの村へ入るのを禁止する、(三) インディオの租税額を現行の半分に減じる、(四) 天災飢饉などによりインディオ人口が減少した場合、租税額の適宜見直しを実行し、妥当な額を査定する、(五) エンコミエンダの消滅に並行して、インカ時代の支配者階級を復位させる、

（六八）インディオが個人もしくは共同で所有する土地ならびに水利資源などを奪わないことなど、八項目が付け加えられ、その完全な履行が求められた。

この反対提案は、その実現性は別にしても、アントニオ＝デ＝リベラの申し出に動かされてエンコミエンダの世襲化を決定したフェリペ二世を牽制するきわめて現実的な戦術であり、世界最大の君主と言えども、ラス＝カサスにはたちうちできないと、国王は心密かに思ったに相違ない。

その後、ペルーのエンコミエンダの世襲化は、民事および刑事裁判権の付与をめぐって、副王や世襲化実施委員会とエンコメンデロの間で意見の対立が生じたため、実行が延期され、一方、副王領のクラーカたちはリマ、クスコなどで集会を開き、世襲化反対の決議を採択した。また、当時リマに帰任していたドミニコ会のペルー管区長ドミンゴ＝デ＝サント＝トマスはペルーのクラーカの代表として国王に書簡を送り、すべてのインディオを王室の直轄にするなら、エンコメンデロと同額の献金を行う意思のあることを伝え、さらに世襲化は臣下の喪失を意味すると主張し、ラス＝カサスの意見に耳を貸すよう訴えた（一五五六年二月、三月）。結局、同年中葉、実施委員会から報告を受けた王室は世襲化をめぐるエンコメンデロとの交渉を打ち切ることを決定し、国王の明確な決断にも拘わらず、世襲化は見送られることになった。

一方、ラス＝カサスは一五五九年末、バリャドリードで一通の文書を作成し、執筆と編纂をつづけていた『インディアス史』やインディオに関する他の論策を同地のサン＝グレオゴリオ神学校に寄贈する旨を記した。その中で、彼は「現在のところ、作品を公にする理由も、利点もない」という理由で、とくに『インディアス史』を四〇年間、門外不出にするよう求めた。その背景には、ラス＝カサスの反対にも拘らず、当時、同じドミニコ会士のビセンテ＝パレティノ＝デ＝クルソラがインディオに対する征服戦争の正当性を論じた自著の『西インディアスの異教徒に対する正当戦争法』*De iure belli adversus infideles occidentalis Indiae* の出版を意図したこと、フェリペ二世がペルーのエンコミエンダの売却を決定したこと、それに、一五五九年六月二四日付けの勅令で、国家財政の再建をめざしてインディアスにおける下級官吏職の売買を認めたことなどがあった。したがって、ラス＝カサスが『インディアス史』の門外不出を求めたのは、同国人や同時代人をインディアス問題で陥っている重大かつ危険な誤謬と欺瞞から解き放つのはもはや不可能に近いと判断した結果だった。そして、彼は以前にまして、インディアスがスペインのために犠牲にされることによって生じる事態に政治的危機感を抱くと同時に、国王をはじめ、同時代人の無知蒙昧が支配する時代の流れに精神的危機感をますます募らせた。

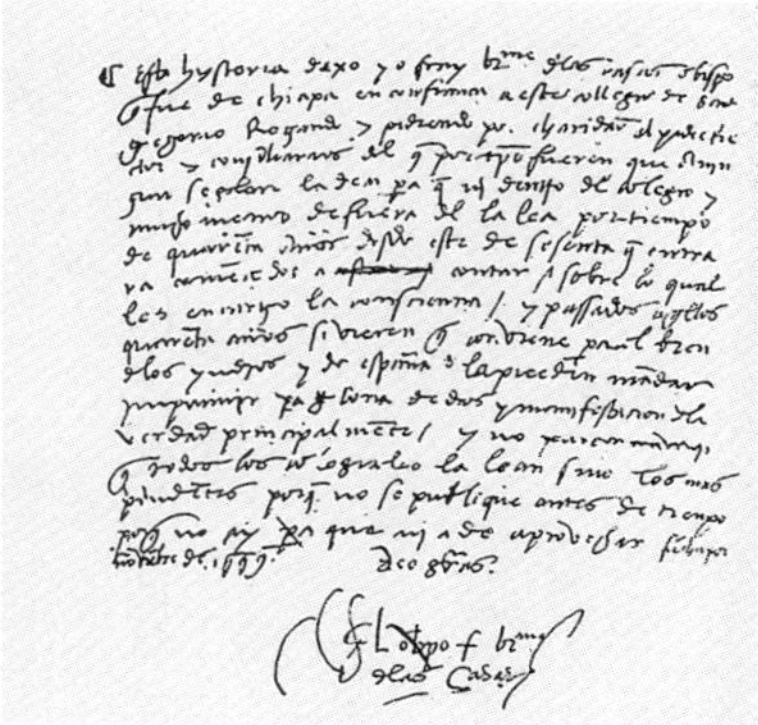

『インディアス史』の門外不出を求めた自筆の文書

　こうして、ラス＝カサスはペルーのエンコミエンダの売却という、予期しなかった国王の決定を契機に、王権擁護の立場を放棄し、国王に厳しい批判を浴びせた。

「彼らの理解力は曇っている」

異端審問でのミランダ弁護

ラス＝カサスは一五五九年末から一五六一年中葉までのトレド滞在中に、ペルーのエンコミエンダ世襲化に反対する運動に深く関わる一方、異端審問所に異端の嫌疑（けんぎ）で逮捕された旧友カランサ＝デ＝ミランダの弁護に携わった。カランサは一五五四年に皇太子フェリペに随行してイギリスへ渡って以来一五五七年七月まで同国に滞在し、先記の「ロンドン会議」に出席して、ペルーのエンコミエンダの世襲化に異議を唱え、ラス＝カサスに会議の状況などを報告していた。カランサはその後フランドルで、国王フェリペ二世より空位となっていたトレド大司教位に就任するよう要請され、カトリック世界でローマに次いで重要な教区の統轄者になった。

しかし、聖職者の中には、この推薦に反発するものが多く、異端総審問官でセビーリャ大司教でもあるフェルナンド＝バルデスはその代表的な人物だった。また、カランサが貧しい郷士（イダルゴ）の出であることを理由に彼の昇進を快く思わないレモス伯爵家出身のクエンカ司教ペドロ＝デ＝カストロのような聖職者もいた。そのような状況下、カランサは一五五八年にアントワープで俗語（スペイン語）による『キリスト教公教要理に関する注釈』*Comentarios sobre el catecismo cristiano* を出版し、それを契機に、激しい攻撃を受けることになり、ついに翌一五五九年八月、異端の容疑でバルデスに逮捕された。

ラス＝カサスは一五五九年一一月初旬にカランサの要請にもとづいて証人として異端審問所に出頭して以来、一五六二年九月下旬にいたるまで、四度にわたりカランサの弁護にあたった。裁判では、カランサが当時の法習慣にしたがって判事を忌避する申し立てを行ったので、ラス＝カサスもその判事、つまり、トレド大司教位を狙っていた総審問官バルデスを「さながら検事のごとく厳しく追及し」、彼の罷免を求めた。結局、バルデス忌避の申し立ては受理され、新しく判事としてサンティアゴ大司教ガスパール＝デ＝スニガ＝イ＝アベリャネダが任命された。

その後の裁判でも、ラス＝カサスは大司教の人格の高潔さや信仰心の純粋さなどを証言し、『キリスト教公教要理に関する注釈』には異端的な見解は認められないと述べ、カランサの信仰心の篤さを賞賛した。結局、カランサの裁判はその後、管轄権をめぐって、ローマ教皇庁とスペイン王室が争うことになり、カランサは身柄をローマに移され、一五七六年四月、ローマ教皇より異端でないことが認められ自由の身となった。

政治活動と執筆

このように、ラス＝カサスは一五五九年末頃から約一年五ヵ月をトレドの宮廷で過ごしたのち、一五六一年五月中旬、フェリペ二世が新しく宮廷所在地と定めたマドリードへ移り、ヌエストラ＝セニョーラ＝デ＝アトチャ修道院で暮らすことになった。ラス＝カサスは、その後もインディアス各地から様々な情報を受け取り、インディアス枢機会議や国王を前に政治活動をつづけた。例えば、彼はペルー副王領に位置するチャルカスの教会再建の援助を求めたり、ヌエバ＝エスパーニャ副王領に位置するパヌコとヌエボ＝メヒコのインディオを対象に平和的改宗化の実現をめざしたアロンソ＝デ＝ソリタの要請を受け、フランシスコ会士アロンソ＝デ＝マルドナドとともに計画の承認と援助をフェリペ二世に要請したりした。そうして、ラス＝カサスはインディアス関係の実務的な事柄に関わりつづける中、ペルーのドミニコ会士から提起された諸問題を解決するため、論策を二篇、著し、フェリペ二世に献上した。つまり、彼は『インディアス文明誌』と『インディアス史』の執筆と編纂を終えた頃（一五六二）、まずラテン語で『インディオの墳墓で発見された財宝について』*De thesauris qui reperiuntur in sepulchris indorum*（以下『財宝論』と略記）を認め、ついで『一二の疑問に答える』*Tratado de doce dudas*（以下『疑問』と略記）を書き上げた。

重要な作品『財宝論』

『財宝論』はインカ王によるアンデス支配の正当性およびペルーの墳墓やワカに埋蔵された財宝の所有権などをめぐって論じられていることから、しばしば『ペルーの財宝論』とも呼ばれる。作品の執筆動機は、ペルーのインディオの全権委任状を携えて帰国していた旧友ドミンゴ＝デ＝サント＝トマスを通じて、その頃インディアス問題がしだいに風化していく傾向がスペイン王室のみならず、インディオの改宗化という神意の実現に努力すべき伝道師の間にも見られる事実を、ラス＝カサスが知ったことにあり、その意味では、作品はインディアス問題の重要性を次代に伝えるために作成されたものだった。『財宝論』は決してペルーの問題のみを論じたものではなく、インディアス問題全般に関する晩年のラス＝カサスの考えを集約した重要な作品である。

まず、ラス＝カサスは莫大な量の財宝を掠奪したスペイン人の不道徳性を批判し、アリストテレスとキケロを引用して次のように結論づけた。

「たとえスペインの国王であろうと、この世の誰であれ……インカ王、もしくは、法律上、彼らの掟や習慣にもとづいてインカ王の財産を継承する権利をもつその子孫の許可を得ずに、また、彼らの自発的かつ好意的な承諾なくして、彼らが死者とともに墳墓や、いわゆるワカに埋めた財宝や貴重品を探索したり、詮索したり、掘り起こしたり、わがものとして持ち去ったりすることはできない。もしそのようなことをすれば、正義を踏みにじり、盗み、掠奪という大罪を犯すことになる。したがって、奪ったものを返還し、犯した罪の償いをしなければ、救霊を得ることはできないだろう。」

ラス＝カサスは、スペイン国王が正当な君主としてインディアスを領有するために遵守しなければばならない規則を一二項目にわたって記し、それらは、ローマ教皇が一四九三年に「贈与大教書」を発布した時、国王に履行を求めたものだと主張し、さらに、「インディオは、たとえ信仰を受容しても、ローマ教皇が神より委ねられた権威にもとづいてスペイン国王をインディアスの普遍的な君主と定めることができると信じる義務を負わない」と断言した。つまり、彼によれば、インディオはたとえキリスト教に改宗しても、スペイン国王を至上の君主と認める義務はなく、改宗はただキリスト教世界への加入を意味するにすぎなかった。これは明らかに彼の従来の主張と異なる見解なので、ラス＝カサスは次のように注意を喚起した。

「私がかつて論策『支配権論』に記した意見……つまり《インディオが聖なる洗礼の秘蹟を受けたら直ちに、我らが国王は彼らに対して事実上、完全な権限を有し、強制的管轄権を行使できる……》という文章を修正していただきたい。つまり、その文章に以下の言葉を付け足さなければならない。《それはインディオが自発的な同意を与えた場合のことである》と。」

したがって、ラス＝カサスは、改宗したインディオがスペイン国王を至上の支配者と認めるのを拒絶しても、誰もそれを理由に彼らを処罰することはできないと主張した。改宗したインディオが果たすべき義務があるとすれば、それは契約によって発生する性格のものではなく、「善をなす人に善を返すことを命じる」自然な精神の均衡にもとづくものであり、彼はそれを《報恩的義務》と名づけ、その義務は履行されなくとも、償いを要求することはできないと記した。このように、ラス＝カサスは、ローマ教皇は「贈与大教書」によってスペイン国王にインディアスの支配者になる可能性を与えたにすぎないと主張し、その可能性を現実化するためには、インディオの改宗化と彼らからの自発的な同意の取得、それに、スペイン国王とインディオとの政治的な協約が不可欠だと結論づけた。さらに、彼はその考えを発展させて、インディアスにおける支配の正当な権原はローマ教皇の大教書よりも、インディオ側の自発的承認にあると断言し、過去にスペイン国王がインディオの自発的同意を得たためしはないので、大教書は無効のままだと述べ、次のように明言した。

「国王がローマ教皇の詔勅によって獲得した自発的管轄権は永久に強制的管轄権に変わらないだろう。それは、過去同様現在も行われている圧政が以後も変わりなくつづくことや、（インディオへの）賠償や贖罪が行われることが不可能であることからも自明である。したがって、前述の詔勅は宙ぶらりの状態、つまり、効力を発揮する以前の状態のままでいつづけるだろう。換言すれば、国王には、インディアス世界に対して管轄権、つまり国王権力を行使したり、領有権あるいは支配権を入手したり……処分したりする権力はまったくないのである。」

賠償義務の主張

つまり、ラス＝カサスは、スペイン国王のインディアス支配はあらゆる法に照らして永遠に正当化されることがないと結論づけ、暴力によって確立された不正な支配が永遠につづくことを危惧し、スペイン人征服者や植民者にキリスト教徒として果たすべき賠償義務を強く訴えた。そして、彼によれば、その賠償義務はインディアス在住のスペイン人やインディアスに滞在したことのあるスペイン人のみならず、スペイン国王にも実行が求められた。なぜなら、国王はインディオの支配者や君主から本来の地位と尊厳、管轄権、人民や村を奪い、彼らを卑劣きわまりないスペイン人圧政者の手に委ね、その支配下に置き、本来遵守すべき一二の規則を無視して、改宗化をなおざりにしたからであり、また、国王は臣下の犯す罪を罰し、正す権力を有すると同時に、その罪を償う義務を負うからだった。

その後、ラス＝カサスは新約聖書やトマス＝アクィナスを引用して、布教はローマ教皇が全世界の人々に対して負っているいわば《債務》であり、代償を求めない最大の慈善行為だと規定し、それゆえ、布教に係わる経済的負担をインディオに強制的に課すことはできないと論じた。そして、「カスティーリャの法はインディオを拘束しない」という前提のもとに、カスティーリャの法や習慣を盲目的にインディアスに適用すべきでないと主張し、インディアスにおける法や習慣を考慮し、最終的には自然の理性の定めるところにしたがって行動すべきであると訴え、最後に、「神の怒りがスペインに降りかかることがないよう」願って、征服あるいはエンコミエンダによってインディオに不正を加えたスペイン人は自らの救霊を得るために、インディオに対する物質的な賠償義務の履行のみならず、インディアス、とりわけ自らが不正を犯した土地で修道士を助け、教会の維持もしくは建設に従事するなど、自ら額に汗して生涯を送る義務も履行しなければならないと訴えた。

このように、政治改革に絶望し、インディアスの破壊のうちにスペインの崩壊を読みとるほど、研ぎすまされた歴史認識を抱くにいたったラス＝カサスは、国王はじめスペイン人が少なくともキリスト教徒として実行しなければならない義務、すなわち賠償義務の履行を求めたのである。

彼は『財宝論』を《遺言書》と名づけたが、それはひとつには、自らの考えを集大成して後世に伝えることを意図したからであり、いまひとつには、賠償義務の履行が神よりキリスト教徒スペイン人に課された定めであり、それを履行しなければ、スペインに神罰が下ることを訴えようとしたからでもある。彼は『財宝論』を擱筆（かくひつ）したあと、一五六三年末頃から『疑問』と題される別の論策の執筆に着手した。それは翌年に完成し、彼自身が《遺言補足書》と名づけるほど、『財宝論』と内容的に密接な繋がりをもつ文書である。

八つの原則『疑問』

ラス＝カサスが『疑問』を執筆したのは、一五六三年末にペルーから帰国し、アトチャ修道院に滞在したドミニコ会士バルトロメー＝デ＝ラ＝ベガ、もしくは、ラス＝カサスの考えに共鳴し、ペルー関係の情報を頻繁に提供したドミンゴ＝デ＝サント＝トマスから、ペルーで伝道活動に従事するドミニコ会士たちが『聴罪規範』の諸原則の運用にあたって抱いた疑問を提示され、その回答を求められたからだった。

ドミニコ会士たちの抱いた疑問はカハマルカやクスコの占領時に掠奪行為をはたらいたスペイン

人の賠償義務、エンコメンデロの賠償義務、エンコメンデロとなんらかの関わりをもつスペイン人の賠償義務、金銀の鉱山や埋蔵された財宝やインカ王族の世襲地（チャカラ）などの所有権の所在、インカ帝国の真の支配者の確定、正しい信仰心をもちながら、無知ゆえにインディオに虐待をはたらいたスペイン人の賠償義務など、大きく七項目に要約される。

ラス＝カサスはそれらの疑問を解くため、従来の基本的な主張を体系的に整理、統合して以下のような八つの原則にまとめた。

（一）いかなる宗教を奉じようと、また、いかなる罪を犯していようと、異教徒は例外なく、正当に財産と土地を所有する。

（二）スペイン国王も教会もインディオに対して正当な戦争を仕掛けることはできない。

（三）ローマ教皇の「贈与大教書」は信仰の弘布を目的としたものである。

（四）「贈与大教書」はインディアスの土着の支配者がもつ権利を剝奪するのを認めたものではない。

（五）スペイン国王はインディオの改宗化に必要な経費を負担しなければならない。

（六）スペイン国王がインディアスで正当な支配権を行使するためには、インディアスの支配者や人民の同意を得なければならない。

（七）一四九二年以来、スペイン人の行ったインディアスへの進出は不正で邪悪きわまりない。

（八）一五一〇年以来、インディアスには正しい信仰心をもったスペイン人は一人もいない。

国王の責任追及

ラス＝カサスは、教会や修道院の建設のためにエンコメンデロから寄付を得た聖職者も賠償義務を負うと主張し、伝道師の間でインディアス問題の本質が見失われていく風潮に注意を促したが、賠償義務をめぐる理論の中で、とりわけ注目に値するのは国王の賠償義務の履行に関する見解である。この問題はインカ帝国の真の支配者に関連して論じられ、その時、ラス＝カサスはインカ専制君主論をたててにスペイン国王のペルー支配を正当化する主張に反論して、「もしワイナ＝カパックが異教徒で、しかも力づくでいくつかの地方を奪ったという理由で、彼を専制者と言うのであれば、われわれはグワイナカパク（ワイナ＝カパック）以上に悪辣な専制者である。スペイン人はインディアス全土を奪ったからである」と断言し、当時アンデス山中のビルカバンバにこもってスペイン人支配を拒否し、抵抗をつづけていたインカ、ティトゥ＝クシ＝ユパンキに言及し、彼を正当なインカ王とみなした。ティトゥ＝クシはマンコ二世、すなわち、スペイン人の度重なる横暴な振る舞いや苛斂誅求に耐えかねて武装蜂起し（一五三六年五月）、新設の《諸王の都》リマを拠点に支配体制の確立をめざすスペイン人に敢然と挑戦したインカ王の子供である。《インカの反乱》とか《ペルーにおける最初の国土再征服運動》と呼ばれるその抵抗運動はマンコ亡き後（一五四四年中葉）、その子サイリ＝トゥパック、そしてサイリの異母弟に当たるティトゥ＝クシに引き継がれていた。

ラス＝カサスは、〈スペイン国王は普遍的な支配権と至高の権力を留保したうえで、ティトゥ＝クシにペルーの王国を返還しなければならないのか、それとも、ティトゥ＝クシが現在のように支配権を奪われたまま、アンデス山中にこもりつづけるのを放任してもかまわないのか〉という疑問に答えて、「伝道師はティトゥ＝クシの改宗に努め」、「スペイン国王は自らの救霊を得るため、ペルーの王国をインカに返還しなければならない」と記し、「もしスペイン国王がペルーの君主に王国を返還した結果、エンコメンデロたちが謀叛を起こした場合、国王は圧政からインディオを解放するために、エンコメンデロを相手に戦い、必要とあらば、死をも覚悟しなければならない」と論じた。

そして、彼は《インカをアンデスの地から連れ出すために発布されるべき命令》と題して具体的な策を記し、インディオへの賠償義務を負うスペイン国王とインカ王との間で結ばれるべき政治的な協約の内容を事細かに論じたが、それらはすべて実現性のないものばかりだった。したがって、ラス＝カサスの真意は、スペイン人がペルーのみならず、インディアス全域で犯しつづけた忌まわしい罪の暗黙の共犯者である国王の責任を追及し、その罪の償いを訴えることにあったと言える。

すなわち、『疑問』は、スペインの崩壊を阻止するため、インディアスにおいて征服者、植民者、王室官吏などスペイン人キリスト教徒が犯した過去の罪に対して、その張本人のみならず、国王や聖職者までもが実行しなければならない賠償義務を明らかにした作品である。

最後の訴えとラス＝カサスの死

その後、一五六四年二月末、ラス＝カサスは遺言書とその補足書や埋葬に関する文書を作成し、死期が近づくのを感じながら、なおもインディアス各地から届く情報をもとに、政治運動に関わりつづけた。そして、一五六六年四月、彼は新しくローマ教皇に選出されたドミニコ会士ミケーレ＝ギズリエリ（ピウス五世）に自著『布教論』を添えて書簡を送り、征服戦争を支持する人々に対して以下のような措置を取るよう要請した。

「まるで猛り狂った貪欲な野犬のごとく、真実に背くことを陰で吠えたてる追従者が大勢います。それゆえ、猊下にお願いするのですが、どうか布告を作成して、異教徒が偶像を崇拝しているという理由だけで、彼らに対する戦争を正当化したり、あるいは、とくに、過去同様現在も、私たちに何ら害を加えたことがないあの異教徒に福音を正しく伝えるために行われる戦争は正当であると主張する人を破門に処していただきたい。また、異教徒は財産の正当な所有者ではないとか、異教徒はこの上なく粗野で愚鈍であるから福音と永遠なる生を受容する能力に欠けるとか主張する人もいますが、そのような連中も同じく破門にしていただきたい。」

こうして、ラス＝カサスはインディアス問題に関して無知蒙昧が支配する時代の流れに盲目的に追従する国王をはじめとするスペイン人、ひいては同時代のキリスト教徒を厳しく断罪した。そして、ラス＝カサスの要請に応えて、教皇は一五六七年一〇月にメキシコ司教アロンソ＝デ＝モントゥファルらに対し、インディオの保護を命ずる親書を送り、さらに一五六八年八月頃、イタリア語で《新世界のインディオの処遇に関するローマ教皇の訓令》と呼ばれる文書を作成した。それには、異教徒の改宗化こそが「贈与大教書」の目的である、洗礼を授ける前に、インディオには十分な宗教教育を施すこと、インディオを奴隷として所有してはならないなど、ラス＝カサスの主張がそのまま書き綴られていた。

一五六六年七月初旬、ラス＝カサスはインディアス枢機会議にあてて、従来の主張をまとめた覚書を作成し、インディアス問題を討議するために博学な神学者を召集して審議会を開催するよう要請するとともに、インディオの自由と生命を守るために半世紀以上にもわたって行った運動が「私の不注意で、ほとんど成果が上がらなかったため、神罰が下るのではないかと恐れている」と記し、同時代人の蒙を啓くことができなかったことへの悔しさを滲ませるような文書を書き残した。そして、その覚書がインディアス枢機会議で、友人のアロンソ＝デ＝ベラクルスらによって読み上げられたその五日後、つまり、一五六六年七月一八日（木曜日）、ラス＝カサスはアトチャ修道院で静かに息を引き取った。享年八二歳だった。

七月二〇日、聖マルガリータの祝日、ラス＝カサスの亡骸はアトチャ修道院の大聖堂に埋葬され、同月三〇日、遺書が開封された。それには、こう記されていた。

「スペイン人がインディアスの人々を略奪し、殺害し、絶滅させて七〇年もの星霜が経過したが、それでもなお現在、とくに思慮分別を備えた博学な人間だと自負する人たち、あるいは、そのような評判を得ている人々や世界支配を志す人々は、我らの聖なる信仰に加えられた躓き（つまず）や中傷、甚だしい劫掠（こうりゃく）、不正、害、殺戮（さつりく）、捕獲、他人の地位や支配権の簒奪（さんだつ）、とどのつまり、インディアス全土の破壊と荒廃が罪深い、そして、この上なく不正な行為であることを認識していない。それほど、彼らの理解力は曇ってしまっている」。

　ラス＝カサスが帰天して二年後の一五六八年七月末、スペインの首都マドリードで、フェリペ二世の臨席のもと、インディアス問題を審議する大規模な会議が開催された。会議には、教会関係者やインディアス枢機会議員のみならず、国務枢機会議や財務枢機会議など、重要な官僚組織の代表も参加し、従来の対インディアス政策の見直しと新しい植民政策の基本方針の策定を目的に、白熱した議論が戦わされた。「合同審議会（フンタ＝マグナ）」と称されるその会議では、修道士に対して「インディオ保護を名目に」スペイン国王のインディアス支配の正当性をめぐる問題を論じることを禁止する旨が決定されたことからも分かるように、ラス＝カサスが半生を捧げて訴えつづけた、虐げられた貧しい人々の大義は、インディアスを宗主国スペインに従属する「植民地」と見なす植民地主義者たちによってかき消されていった。

会議は、一六世紀後半、ヨーロッパにおける覇権確立をめぐって、ハプスブルク朝スペインと激しく敵対し、スペインのインディアス独占体制を崩そうとする列強諸国の動きに危機感を抱いたフェリペ二世がインディアス支配の確立をめざして開催を命じたものだが、皮肉なことに、ラス＝カサスの叫びはスペインではかき消されたが、諸外国の反スペイン運動に利用されることになった。

Ⅵ

「黒い伝説」

反スペイン運動と反ラス＝カサス運動

「スペイン人は長い歴史を通じてひたすら残虐かつ不寛容で、しかも貪欲で狂信的だった」として、スペイン人の残虐性を誇張・捏造し、反スペイン感情の浸透を狙った運動は元を質せば、シチリア、ナポリ、サルデーニャを支配したアラゴン王家に対するイタリア人の反感に端を発し、しだいに対象をカスティーリャへ拡大し、一六世紀後半には、《超大国》スペインと政治的かつ宗教的に敵対する国々や人々によって大々的にくり広げられた。そして、その運動に、スペインの異端審問とインディアス征服が格好の材料を提供することになった。中でも、征服に関しては、ラス＝カサスが一五五二年に印刷・刊行した『簡潔な報告』がヨーロッパで大きな反響を呼んだ。

『簡潔な報告』の翻訳

『簡潔な報告』の最初の外国語訳であるオランダ語版が出版されたのは一五七八年、スペイン支配からの離脱と独立をめざすネーデルラントにおいてのことだった。一五八〇年には、フェリペ二世の圧政に対する抵抗運動を指揮し、ネーデルラントの独立を目標に闘ったオランニェ公ウィレム一世沈黙公が『弁明の書』*Apologia* を公刊した。ウィレム一世はその中で、フェルナンド＝アル

スペイン人の征服のようす　ド＝ブリ筆

バレス＝デ＝トレド（アルバ公）による《血の法廷》で一八〇〇〇人が犠牲になったと記し、ラス＝カサスの『簡潔な報告』を引用してスペイン人の暴虐ぶりを非難し、反スペイン感情の助長と浸透を図った。その一年前、すなわち一五七九年に、『簡潔な報告』はフランス語に訳されてアントワープで出版されたが、それもネーデルラントの独立運動に対するワルーン人の支持を取りつけることを目的としていた。

一五八三年、フランス語版からの重訳と思われる『簡潔な報告』の英語訳がロンドンで公刊され、序詞には、「一般に《新しく発見された世界》と名づけられた西インディアスで、スペイン人が犯した残虐な行為と圧政について。聖ドミニコ会所属のスペイン人司教バルトロメー＝デ＝ラス＝カサスもしくはカサウス師が簡潔に認めた作品……」と記されている。言うまでもなく、その翻訳もネーデルラントの独立運動を支援するために企てられたものだが、その背後には、「フェリペ二世に一泡吹かせたい」と願うイギリスの思惑が潜んでいた。つまり、イギリスは自国の植民活動を促進するため、スペインの独占的なインディアス支配体制を覆すことを狙っていたのである。当時、イギリスの有名な海賊フランシス＝ドレークはサントードミンゴ、カルタヘナなど、大西洋貿易の重要な拠点である沿岸都市に大規模な攻撃を加えて大打撃を与え、一五七七年から八〇年にかけて、太平洋、インド洋を横断航海し、その途次、スペイン船を拿捕して莫大な財宝を奪い、マゼランに次いで世界周航を成し遂げていた。また、熱狂的な新教徒で愛国主義と領土拡張の主唱者であり、探検や発見の記録の収集及び編纂者としても著名なリチャード＝ハクルートはエリザベス女王に上奏した『西方植民論』*Discourse of Western Planning* で西半球地域の植民化の必要を熱心に説いていた。

さらに、『簡潔な報告』は一五九八年にラテン語訳、翌年、ドイツ語訳がいずれも反カトリックの牙城フランクフルトで出版された。出版したのはカルヴァン主義者で、リチャード＝ハクルートとも親交のあったド＝ブリ兄弟である。彼らの公刊した翻訳版には、『簡潔な報告』をもとにして征服の有様を描いた挿画が数多く収録され、その結果、インディオに対する残虐な振る舞いが遍くヨーロッパ中に知れ渡り、挿画は《残忍なスペイン人》というイメージを創出するのに決定的な役割を果たすことになった。このようにして、一五五二年にセビーリャで印刷された『簡潔な報告』は一六世紀中にオランダ語版が三版、フランス語版が四版、ドイツ語版が二版、それに、英語版とラテン語版が一版、それぞれ出版された。

反スペイン活動への利用

一七世紀に入ると、さらに多くの翻訳が企てられ、とりわけオランダ語版はじつに一四回も版を重ねた。そのうち一一版は一七世紀前葉に出版され、それはスペインからの政治的独立と宗教的自由を求めるネーデルラントが過去にもまして熾烈な反スペイン闘争を展開した時期と一致している。そのほかに、フランス語訳と英語訳が五版、イタリア語訳が二版、それぞれ出版された。それらの出版がスペインの独占的なインディアス支配体制を打破し、自国の植民活動を擁護、推進するといった政治的かつ経済的意図のもとに、もしくは、宗教的自由の獲得を目的として企てられたのは言うまでもない。

わけてもイギリスでは、もとドミニコ会士のトーマス＝ゲージが『ヌエバ－エスパーニャとグァテマラへの旅』*The English Americans, his travail by sea and land or a new survey of the West Indies* を公にし（一六四八）、スペインのインディアス支配の非道ぶりを書き立てて反スペイン感情を露骨に表し、オリヴァー＝クロムウェルはタバコおよび砂糖を供給する植民地の確保をめざし、一六五五年にスペインからジャマイカ島を奪取、「帝国」建設の足場を着々と築いていた。そうした状況下、一六五六年、『失楽園』の著者ジョン＝ミルトンの甥に当たるジョン＝フィリップス＝ミルトンがクロムウェルの対外政策、とくに対スペイン政策を支持して『簡潔な報告』の英語版を刊行した。これは『簡潔な報告』が帝国主義政策に利用されたことを示す格好の例である。

フィリップスは『インディオの涙。スペイン人がエスパニョーラ島、キューバ島、ジャマイカ島……で犯したおよそ二〇〇〇万を越える無辜な人々の虐殺と殺戮に関する真実の歴史的記録』という表題を付し、クロムウェルを旧約聖書のヨシュアにたとえ、そして、カナアン人よりも迷信深く、アハブより忌まわしい行為に耽るスペイン人相手の戦いを正当化した。彼は一五五二年のセビーリャ版『簡潔な報告』に付されたラス゠カサスの手になる刊行趣意、序詞、結辞をことごとく無視し、ひたすらスペイン人が「傲慢かつ嘘つきで、残虐かつ不誠実な国民であり、この地（インディアス）を征服し、そこに暮らす人々を奴隷にすることを主たる目的としていた」のを立証するため、『簡潔な報告』を利用したのだった。

さらに、それ以外にも、『簡潔な報告』は反スペイン活動を訴えるさまざまな文書で利用された。例えば、一六〇八年か〇九年、ネーデルラントで出された小冊子には、「ローマ教皇がスペインに数々の土地を贈与した結果、哀れな原住民が殺され、迫害されることになった。スペイン人がインディアスにおいてどれほど大勢の人々を死に追いやったかを知りたければ、バルトロメー゠デ゠ラス゠カサスの作品を読めばよい。そこにはその事実が余すところなく記されている」と書かれていた。こうして、『簡潔な報告』は《残虐なスペイン人》と《哀れなインディオ》という、ステレオタイプ的な民族像を示す格好の作品として利用され、流布した。

ラス＝カサス観の変化

一八世紀、ピレネー山脈の北方では、状況に変化の兆しが見られた。つまり、『簡潔な報告』は、英語版（一七四五）、フランス語版（一七〇一）、ドイツ語版（一七九〇）がそれぞれ一回だけ刊行されたにすぎなかった。それは、ひとつには、一八世紀に入ると、ヨーロッパにおけるスペインの覇権が目に見えて失墜し、列強諸国間に新しい勢力関係が生まれた結果だった。一方、主にフランスとドイツを中心に、新しい思想運動、いわゆる啓蒙思潮が広まり、歴史に進歩の観念を導入した啓蒙主義者たちは、スペインによるインディアス発見・征服が人類の歴史の進歩に貢献したか否かを論じることになった。そして、彼らのいう人類の歴史とは、もっぱらヨーロッパを中心に据えた歴史にすぎなかった。換言すれば、彼らにとって、ヨーロッパ文明の絶対的優位は否定しがたいものだった。したがって、征服の残忍さと非合法性を暴き、インディオを「羊」にたとえてその本性を称揚し、インディアス文明をヨーロッパ文明に比肩すると評価したラス＝カサスはコルネリウス＝デ＝パウら、一部の思想家にとっては、好ましくない人物に映った。事実、パウはラス＝カサスをインディアスへの黒人奴隷導入の責任者として厳しく告発した。

一方、ヴォルテール、マルモンテル、ヨアヒム＝ハインリッヒ＝ケンプなどはラス＝カサスを寛容精神と隣人愛にみちた人物と見なし、高く評価したが、大部分はラス＝カサスの思想や行動の意味を正確に理解しようとしたわけではなく、ただラス＝カサスを孤高の人物として英雄視したにすぎなかった。彼らにとっても邪悪な征服、つまり、《征服＝スペイン人の残忍性と狂信主義》という等式は変わることのない歴史的真理だった。彼らは征服の残忍さをインディオの素朴な高貴さと対照させることでよりきわだたせ、ひいては反カトリック、反教権主義の立場を訴えただけで、自国が押し進める植民活動に批判を加えることなどなかった。そのようなラス＝カサス観は、一八世紀後半から一九世紀にかけて、ロマン主義の台頭と相まって広がり、ラス＝カサスは圧政に敢然と立ち向かった英雄として評価されるにいたった。

スペインでのラス＝カサス批判

一方、外国からの執拗な攻撃と中傷に対し、スペインでは、インディオの自由と人権の擁護に生涯を捧げたラス＝カサスの行動や思想を評価した人もいたが、少数派にすぎず、しかも大部分がインディアスで伝道活動に携わる聖職者だった。大半のスペイン人はラス＝カサスを激越な語調で指弾し、自国によるインディアス支配の正当性を弁じ、スペインの名誉の回復に努めた。ペドロ＝フェルナンデス＝デル＝プルガール、ソロルサノ＝ペレイラ、アントニオ＝レオン＝ピネロはその代表的な人物で、彼らはこぞってスペイン支配の正当性を弁じる浩瀚な作品を著した。一七世紀、一度だけ、ラス＝カサスの作品がスペインで出版されたことがあったが——一五五二年にセビーリャで印刷された八篇の論策の再版。ただし『聴罪規範』は除く——、それもカスティーリャからの離反運動がたけなわのカタルーニャのバルセロナでのことだった（一六四六）。そして、一六六〇年六月、『簡潔な報告』は「国家の威信を傷つける作品」としてアラゴンの異端審問所より禁書の宣告をうけ、その決定はスペイン全域に適用されることになった。

一八世紀、スペインの知識人は相変わらずラス＝カサス批判をつづけた。ベニト＝フェイホー、フワン＝デ＝エスコイキスら、スペインの啓蒙主義的思想家たちは「時代精神」という概念のもとに一六世紀の征服者たちの行動を正当化し、イギリスやフランスの植民活動に非難を浴びせた。

一九世紀に入ってようやく、久しくラス＝カサス批判の立場を崩さなかったスペインにおいても、状況はしだいに変化した。スペインはあらゆる社会勢力間で熾烈な抗争が展開されたイサベル二世の時代（一八三三～六七）を経て、いわゆる《名誉革命》、イタリア系のアマデオ一世による統治、次いで第一次共和政の成立へと激しくゆれ動き、政治的のみならず、経済的にも文化的にも大きな変化を経験した。文化的には、ヒネール＝デ＝ロス＝リオスが女子教育連盟を結成するなど、以前にもまして自由な知的環境が生まれた。こうした状況のもと、ラス＝カサスの大著『インディアス史』がはじめて日の目を見た（一八七五～七六）。そうして、ようやくラス＝カサス再評価の動きが始まった。とはいえ、それも反帝国主義的立場を採る一部の共和政支持者（例えばフランシスコ＝ピ＝イ＝マルガル）の間のことにすぎなかった。

その後、一八九八年、アメリカ合衆国との戦争に敗れ、キューバ島やフィリピンなど、かつての植民地をことごとく失ったスペインは深刻な危機と挫折感に見舞われた。その結果、「九八年の世代」と呼ばれる知識人のグループが生まれ、彼らはさまざまな立場からスペインの再生を唱えた。わけても、栄光に輝くかつてのスペイン帝国の再建を志向する保守主義的な傾向――《神話的》スペイン像の高揚――は、プリモ＝デ＝リベラの独裁が崩壊し（一九二三～三〇）、第二次共和政が成立してからますます強まった。共和政の打倒および教会と密着した君主制の復活をめざす保守主義者は、スペインが世界史において演じた役割の重要性を強調し、「スペイン精神」Hispanidad を称揚した。したがって、彼らがとくに一六世紀からヨーロッパを席巻した反スペイン運動の責任をラス＝カサスに帰して激しい非難を浴びせる一方、インディアス征服・支配を歴史上稀有な偉業だと主張したのは不思議なことではない。

「黒い伝説」の脈絡のなかで

事実、その反スペイン運動を「黒い伝説」と名づけ、歴史的根拠にかけると非難し、ラス＝カサスをその責任者として厳しく批判したのは、当時社会改革に携わった国務大臣フリアン＝フデリーアスで、その作品は『黒い伝説――外国におけるスペイン像の研究』*La Leyenda Negra : Estudios acerca del concepto de España en el extranjero* と題された（一九一四）。しかも、その作品は現在にいたるまで、二〇回近くも版を重ねている。

そのように、ラス＝カサスを「黒い伝説」の脈絡に位置づけて批判する傾向は今世紀後半にも連綿としてつづき、碩学ラモン＝メネンデス＝ピダルの『ラス＝カサス神父、その二重人格』*El Padre Las Casas. Su doble personalidad*（一九六三）で頂点に達し、今なお、フリアン＝マリーアス、ペドロ＝ボルヘスらに受け継がれている。

しかし、『簡潔な報告』が「黒い伝説」を惹起したという主張は歴史的事実を無視したものであり、すでに見たように、『簡潔な報告』の最初の外国語訳が公刊されたのは一五七八年のことである。それより以前、スペインの宮廷に伺候したイタリア人ユマニスト、ペドロ＝マルティル（イタリア語名……ピエトロ＝マルティーレ＝ダンギエラ）の『新世界に関する一〇巻の書』*Decadas de Orbe Novo* は一五三〇年に刊行され、フランシスコ＝ロペス＝デ＝ゴマラの『インディアス史』*Historia general de Indias* は一五五二年に初版が世に出て以来、スペインで三版、アントワープで二版、さらにフランス語版、イタリア語版とラテン語版が次々と刊行された。また、外国人として初めてインディアスにおけるスペイン人の過酷な征服・支配の実態を赤裸々に描いたイタリア人ジロラモ＝ベンツォーニの『新世界史』*Historia del Mondo Nuevo* は一五六五年にヴェネツィアで初版が出版されて以来、一六世紀末までにじつに一三回も版を重ねた。

ベンツォーニは「フランドルとイタリアの出入口」として軍事的にきわめて重要な位置を占めたミラノに生まれ、のち一五四一年から五六年にかけてインディアスを旅した人物で、その作品には、ミラノを支配するハプスブルク朝スペインに対する憎悪から発したと思われる文章が随所に見受けられる。事実、スペイン人征服者の非道な行為を詳述する彼の語調は厳しく、ラス＝カサスと優劣つけがたいほどである。したがって、一六世紀後半のヨーロッパでは、スペインのインディアス征服・支配の実態はかなり人口に膾炙(かいしゃ)していた。

モンテーニュは『随想録』の中にスペインのインディアス征服・支配に関する章を挿入したが（第三巻第六章「馬車について」など）、その際、彼が典拠として利用した文献はラス＝カサスの『簡潔な報告』ではなくて、ゴマラの『インディアス史』だった。また、モンテーニュはローマに旅したことがあるので、ベンツォーニの作品を入手し、参考にしたことも十分考えられる。いずれにせよ、以上のことから、ラス＝カサスの『簡潔な報告』が「黒い伝説」を創出したという主張は否定される。

もちろん、『簡潔な報告』が、ロンドンに亡命したスペイン人新教徒レヒナルド＝ゴンサレス＝モンテスの『スペインの異端審問の悪を暴く書』*Exposición de algunas mañas de la Santa Inquisición española*（一五六七年出版）、メアリ＝チューダー治下のイギリスからオランダへ亡命していたジョン＝フォクシの『殉教者の書』*El libro de los mártires*（一五五四年出版）とともに、「黒い伝説」の流布に大いに利用されたのは事実である。しかし、『簡潔な報告』の外国語訳が出版される以前から、スペインと政治的、経済的かつ宗教的に対立していたヨーロッパの国々が反スペイン運動をくり広げていた事実を見過ごしてはならない。

イスパノアメリカのラス＝カサス像

独立運動のなかで

一方、一九世紀初頭のインディアスでは、ロマン主義的なラス＝カサス像がスペインからの分離・独立をめざす闘争で大きな役割を果たした。一八一〇年以降激化した独立運動において、ラス＝カサスの『簡潔な報告』は一八一三年にボゴダー（ヌエバ＝グラナダ）、一八二一年にフィラデルフィア（合衆国）とプエブラ（メキシコ）、一八二一年にグアダラハラ（メキシコ）、一八二六年にメキシコ市でそれぞれ出版された。独立運動の指導者の中には、メキシコのドミニコ会士セルバンド＝テレサ＝デ＝ミエールのように、ラス＝カサスの行動を正確に理解しようと努めた人物もいたが、大半はスペインからの分離と独立をめざす闘いの中で反スペイン主義の宣伝の武器として『簡潔な報告』を利用したにすぎなかった。「スペインを攻撃する最良の方法はラス＝カサスの作品を随処に流布させることである」という独立運動の一指導者の言葉や「（ラス＝カサスの作品は）革命を遂行するのに格好の作品であり、ソトー＝ラ＝マリナで私がその一章をミサで朗読しただけで、人々はこぞって武器を手にした」いう先記のテレサ＝デ＝ミエールの言葉は、『簡潔な報告』が反スペイン運動においていかに有効な文書だったかを証明している。このように、征服者の子孫であるクリオーリョ（インディアス生まれのスペイン人）たちは今や独立という大義のもとに、自分たちの先祖である征服者をかつて厳しく糾弾した『簡潔な報告』を利用したのである。まさしく、歴史のアイロニーである。

「白い伝説」の台頭

しかし、共和国として独立を達成したものの、新しく国際社会の一員となったイスパノアメリカの各国の指導者は政治的経験に乏しく、国内の慢性的な政情不安と経済的疲弊を解消することができなかった。その結果、メキシコのルーカス＝アラマンに見られるように、独立運動を支えてきたロマン主義は内包するその保守的な性格をしだいに強め、過去の植民地体制を懐古するようにすらなった。さらに、一九世紀後半になると、特定の人種のみが高度な文明を有し、野蛮な人種は永遠に野蛮であるというゴビノーらのいわゆる人種論的民族性格論やヨーロッパの進歩史観にもとづくオーギュスト＝コントの実証主義がイスパノアメリカで遍く受け容れられた。

「実践的」実証主義の信奉者たちは自国の経済的な立ち遅れや政治的後進性の原因のひとつをインディオの先天的劣等性に求め、「科学と産業の時代」の実現こそが自国の近代化を図る唯一の道だと考えた。彼らは、白人によるインディオ支配を正当化し、インディオを労働者としてイスパノアメリカで台頭しつつあった資本主義体制内に組み込んでしまおうと考えた。中には、メキシ

ラス＝カサス（左）とエルナン＝コルテス　ディエゴ＝リベラ筆

コのガビーノ＝バレダやペルーのハビエル＝プラドのように、インディオ問題を教育によって解決できると見なした人たちもいた。そのような時代にあっては、せいぜいラス＝カサスは高貴な精神の持ち主だが、実現の可能性の少ない大義のために生涯を捧げた理想主義者だという評価を受けるのが関の山だった。アルゼンチンのドミンゴ＝F＝サルミエントはラス＝カサスを評して《チャパス司教（ラス＝カサス）の目に余る慈善行為。彼は人類の構成原理を理解していなかった》と断じた。

そして、メキシコ建国の父を征服者エルナン＝コルテスと見なしたホセ＝バスコンセロスのように、イスパノアメリカが文明化を遂げたのはスペイン支配の賜物だと主張して、「白い伝説」を唱える歴史家や思想家が現れた。アルゼンチンのリカルド＝レベネやロムロ＝カルビア、ペルーのポッラス＝バレネチェアなどに代表される「白い伝説」の主唱者たちはピレネー以北の西欧中心的な世界史認識に対抗して、スペインの果たした歴史的役割を復権させようと、「インディアスは植民地ではなかった」と論じ、したがってラス＝カサスには否定的な評価しか与えなかった。そして、この「白い伝説」は興味深いことに、北アメリカの歴史家にも受け継がれ、フィリップ＝ウエイン＝パウエルなどは『憎悪の樹』*Arbol del odio*（一九七二）と題するきわめて客観性を欠いた作品まで著し、ラス＝カサスの行動、とくに一五五二年の論策刊行を厳しく批判した。

インディヘニズモと「解放の神学」 しかしその一方、一九世紀末以来、インディオ人口の稠密なアンデス諸国を中心に、インディオを国家の基本的な構成要素と見なし、彼らの自由と人権を擁護し、その社会復帰の実現をめざす人たちが現れた。彼らはインディヘニスタと呼ばれ、その運動はインディヘニズモと名づけられ、しだいにイスパノアメリカ全域に拡がり、文学に独自のジャンルを打ち立てることになった。

チリのアレハンドロ＝リプシュッツ、ボリビアのヘスス＝ララ、メキシコのフワン＝コマスなど、この運動の理論的指導者たちは、一六世紀に早くもインディアス文明を称え、インディオの人権擁護に半生を捧げたラス＝カサスを高く評価し、彼の理論の実践を訴えた。コマスは「生涯を通じて、インディオの生活条件の改善を求めたラス＝カサスの理論は現在のインディヘニズモの基礎となっている」と断言した。しかし、このインディヘニズモはいわば「上からの改革」をめざしたものであり、したがって自ずと限界があり、しだいに各共和国が近代化政策の一環として打ち出した国家統合の運動の中に吸収され、変質していった。そして、それに代わって、植民地時代以来、伝統的に権力者と結びつき、一大社会勢力団体と化したカトリック教会が過去の過ちを反省し、教会が現世において果たすべき役割を社会正義の実現、すなわち、貧しさに喘(あえ)ぐインディオの生命と人権の擁護および社会不正の根絶にあると定めて新しい運動を展開するようになった。そして、現在、「解放の神学」と呼ばれるその運動において、ラス＝カサスはその先駆者に数えられている。

このように、ラス＝カサスはこれまで様々な歴史的環境の中で脚光を浴び、彼に対する評価も大きく二分され、「黒い伝説」の責任者として告発される一方、「インディオの父」、「インディアスの使徒」とも称えられてきた。これまでの記述からも分かるとおり、欧米におけるそのようなラス＝カサス像が『簡潔な報告』をもとに創出されたものであるのは疑問の余地がない。それゆえ、つぎに、そのラス＝カサス像の歴史的意味を解明するために、『簡潔な報告』に見られるラス＝カサスの告発の真の意味を問いただしてみよう。

『簡潔な報告』と「黒い伝説」

インディオの死の意味を問いつづけて

すでに見たように、『簡潔な報告』は、ラス＝カサスが一五四二年に開催されたバリャドリード会議で征服の非道な実態を報告したときの文書をもとに、その後いくらか加筆して一五五二年にセビーリャで印刷刊行した論策である。もともと『簡潔な報告』の目的は審議会の委員にインディオの蒙っている悲惨な状況を訴え、征服の即時中止を訴えることだった。「白い伝説」を唱える人たちは挙げて、ラス＝カサスが『簡潔な報告』に記した誇張表現に集中攻撃を浴びせた。

「恐怖のカタログ」とも評される『簡潔な報告』で、ラス＝カサスはインディオ人口の激減の原因をひたすらスペイン人征服者の残虐な行為や苛斂誅求に帰し、疫病や疾病などの生物学的原因を無視したが、それは征服の即時中止を求めるという目的からすれば、当然の手法だった。また、ラス＝カサスが挙げる死者の数も非難の的になっているが、最近の研究によれば、彼の挙げる数字は必ずしも誇張だとは言えない。しかし、ラス＝カサスにとり、たとえ誇張があったとしても、死者の数はさほど大きな問題ではなく、それも目的を達成するためのレトリックのひとつにすぎなかった。

むしろ、彼にとって重要なのは、キリスト教化という神聖な目的のために、すなわち、神意を実現するために、無辜なインディオが虐待され、死に追いやられているという現実だった。目的は手段を正当化しないという立場にたつラス＝カサスはスペイン国王によるインディアス支配をあくまでインディオの改宗化を実現するための手段としか考えなかった。だからこそ、ラス＝カサスは後年、彼と同じように、征服者や植民者と対立しながら、インディオの改宗化と保護に献身した聖職者とも決別せざるを得なかった。なぜなら、メキシコ史上、「一二名の使徒」の一人として名高いフランシスコ会士トリビオ＝デ＝モトリニーアのように、大半の伝道師たちは征服戦争で死んでいったインディオに同情の涙を流しながらも、征服戦争を聖戦視し、インディオの死を邪教を奉じたために神から下された罰だと見なして任務を遂行したが、ラス＝カサスは、キリスト教化のためにインディオの生命が奪われるという現実に大きな衝撃を受けて回心を経験し、その後生涯を通じて、インディオの死の意味を問いつづけたからである。一五四二年、ラス＝カサスが、「スペイン国王がインディアスを支配し、インディオの改宗化を遂行する際、どうしてもインディオの死を避けることができないのであれば、国王が支配権を放棄し、インディオが異教徒であっても不都合は生じない」と断言していた（『矯正論』一五四二）ことを忘れてはならない。

告発の真意

『簡潔な報告』の告発の対象が征服という具体的な行為であるのは言うまでもない。一五四二年の段階で、ラス＝カサスは個人名を挙げて、征服戦争の非道さを暴き、征服者個人の非人間性と加害責任を厳しく追及したが、五二年の段階では、つまり、印刷刊行された『簡潔な報告』では、個人名をすべて伏し、「無法者（ティラーノ）」という言葉にひとまとめにして、征服の実態を書き綴った。それは、一〇年の歳月を経ても、征服戦争が止まず、ますます神意がないがしろにされていく歴史的環境の中に身を置いたラス＝カサスがインディアスの改革に最後の夢を託すと同時に、インディアス破壊の意味を深く洞察するにいたったことを意味している。

五二年版の冒頭に、ラス＝カサスは「もし彼らが無数の人々を精神的にも肉体的にも破滅させることになった数々の非道な行為について黙して語らずにいれば、私もその共犯者になってしまう」と記した。インディアスの破壊のうちにカスティーリャの崩壊を読みとるほど、鋭い歴史認識を抱いたラス＝カサスにとり、重要なのはもはや征服者個人の責任を追及することではなく、カスティーリャの破壊を押しとどめることだった。そのために、ラス＝カサスは人民の共通善の達成に責任を負う国王に一縷の望みをかけた。それは「国王とは、その王国の悪事に関して一報を得るだけで、それを絶やし、一時たりとも不正を許さない存在である」という、五二年版の序詞に記された一文が証明している。このように、ラス＝カサスは不正や暴力に走る人々やひたすら神意に背く行為に耽る人々を呪い、そして、真理の証人として、虐げられた貧しい人々の権利を取り戻そうと、圧制者に向かって破滅を予告したのである。

ところが、『簡潔な報告』の外国語訳では、ラス＝カサスが告発の真意を書き綴った序詞と刊行趣旨はすべて割愛され、スペイン人の残虐な行為だけがことのほか強調された。つまり、スペインに敵対する国々にとって、スペインの独占的インディアス支配体制を崩し、自国の植民活動を押し進めるのに、スペイン人の残虐な行動を記した『簡潔な報告』は内部告発の書として利用価値が高かったのである。しかし、ラス＝カサスはなにもスペイン人征服者だけを告発したのではなかった。彼はこう記している。

「ドイツ人たちは三〇〇人かそれ以上の部下を率いて王国へ侵入したが、そこには非常におとなしい羊のような住民たちが暮らしていた。スペイン人たちの攻撃を受けるまでは、インディアスにいるどのインディオも従順だったが、とりわけ、この王国のインディオたちの従順さは群を抜いていた。思うに、ドイツ人たちはこれまでに述べたどの無法者とも比較できないほど残酷に、また、残忍きわまりない虎や猛り狂った狼や獅子を凌ぐほどの無道ぶりと凶暴ぶりとを発揮して、その地方を侵略した。それは、以前の誰よりも、彼らが大きな野望を抱いており、強欲の余りに目が眩んで平静を失ってしまっていたからである。そのうえ、彼らが以前の誰よりも金銀を手に入れたり略奪したりする悪業に長けており、巧みな策略家だったからである。彼らは神や国王に対する畏怖心と人間としての羞恥心を放擲し、自分たちがいずれ死ぬ運命にある人間であることさえ、忘れ去ってしまった。」

これはベネズエラ王国におけるアンブロシウス＝ダルフィンガー麾下のドイツ人兵士の征服行為を告発した文章だが、これからも明らかにように、ラス＝カサスが批判したのは神や国王を畏れず、物欲にかられて人間性を見失ってしまったヨーロッパ人キリスト教徒の姿なのである。換言すれば、『簡潔な報告』は自らの価値観を絶対視して、帝国主義的行動へ突っ走るヨーロッパ人に対する内部告発の書であり、『インディアス文明誌』や『インディアス史』に通底する「人類はひとつ」という確信にもとづいて書き綴られたヨーロッパ断罪の作品である。しかし、近代世界システムが確立する過程で、スペインもヨーロッパの国々もラス＝カサスの告発の真意を読み取ることができなかった。ラス＝カサスは生存中にまして苦しい闘いを死後数世紀にわたって強いられることになったのである。

ヨーロッパ中心主義思想の産み出したもの

最後に、「黒い伝説」という用語について、一言ふれておきたい。すでに見たように、この名称は、二〇世紀初頭にスペイン人が創出した言葉であり、その言葉の裏には、世界史において果たしたスペインの歴史的役割を強調し、スペインの復権をめざす意図が隠されていた。つまり、スペインは「偶像崇拝に耽り、人肉を喰らい、文字をもたない野蛮なインディオたち」にキリスト教を伝え、文字を教え、文明的な生活方法を授けたというわけである。確かに、それは一部、歴史的真実を衝いている。しかしまた、スペインによるインディアス征服・支配によって、大勢のインディオが生命を奪われ、生き残ったインディオたちが虐げられ、赤貧洗うがごとき生活を余儀なくされたのも否定しえない歴史的事実である。したがって、「黒い伝説」という名称は、ラス＝カサスが「大航海時代」の当初にあって鋭く批判したヨーロッパ中心主義思想が産み出したものなのである。なぜなら、その名称には、被支配者であるインディオたちにとり、キリスト教への改宗、文字の使用、ヨーロッパ的生活様式の受容は何ものにも代え難い価値あることだという、スペイン人、ひいてはヨーロッパ人の傲慢な歴史認識が潜んでいるからである。したがって、「黒い伝説」という言葉のもつイデオロギー性が厳しく問いただされないかぎり、ラス＝カサスの闘いは果てしなくつづくだろう。

おわりに

近年、ラス＝カサスは高等学校の世界史の教科書あるいは参考書で取り上げられ、ときには、大学の入学試験に出題されるまでになってきた。したがって、わたしが研究をはじめたときのわが国の学界の状況を想うと、隔世の感がする。ラス＝カサス研究者の一人として、この現状を喜ばなければならないと思うが、正直言って、手放しで喜ぶわけにはいかない。なぜなら、管見（かんけん）によれば、それらの教科書もしくは参考書では、ラス＝カサスは共通して、もっぱら「新世界」におけるスペイン人の征服の実態を批判した人物、換言すれば、征服の残虐さを目撃して証言した人物（＝内部告発者）として扱われているからである。それは、本書の最終章で論じたように、ラス＝カサスの訴えをスペインの「黒い伝説」の脈絡に位置づけて解釈しているのと変わらず、そのような視点からは、ラス＝カサスの行動と作品を支えた思想の普遍性を理解することは不可能に近い。

本書を通じて、そのような偏狭なラス＝カサス論が是正され、「征服・支配」を過去の出来事とみなし、その加害責任を不問に付そうとする歴史認識がはらむ問題性を読み取っていただけることを願って、筆をおきたい。

ラス=カサス年譜

西暦	年齢	年譜	参考事項
一四八四		8月？ スペイン南部、セビーリャに生まれる。	
九二	8		クリストバル=コロン、「新世界」到達。
九三	9	父ペドロ、コロンの第二次航海に参加。	5月、ローマ教皇アレクサンデル六世、「贈与大教書」を発布。 9月、コロン、第二次航海へ。
九七	13		ヴァスコ=ダ=ガマ、インドへ航海（～九九）。
九八	14		コロン、第三次航海へ。
九九	15	12月、父ペドロ、帰国。ラス=カサスにインディオ奴隷を授ける。	フランスのルイ一二世、イタリア遠征。
一五〇〇	16	アルプハラスの暴動平定に参加。	カブラル、ブラジルに達する。
〇一	17		黒人奴隷貿易始まる。
〇二	18	2月、エスパニョーラ島へ渡る。	5月、コロン、第四次航海へ。
〇三	19	ハラグワー地方の征服遠征に参加。インディオを得る。	セビーリャに通商院を設置。 12月、エンコミエンダ制導入許可。
〇四	20	イゲイ地方のインディオの「反乱」の平定に参加。	

一五〇六	22	9月、スペインに帰国。	
〇七	23	2月、ローマで司祭に叙品される。 9月末、エスパニョーラ島へ渡る。	
〇八	24		フワン＝ポンセ＝デ＝レオン、サンーフワン（プエルトーリコ）島の植民開始。
〇九	25		ディエゴ＝コロン、第二代エスパニョーラ島総督として着任。
一〇	26	9月、初ミサをあげる。	ドミニコ会伝道団、エスパニョーラ島に到着。フワン＝デ＝エスキベル、ジャマイカ島の征服開始。
一一	27		ドミニコ会士アントニオ＝デ＝モンテシーノス、スペイン人植民者を激しく非難する説教を行う。
一二	28	ディエゴ＝ベラスケスに従軍してキューバ島の征服に参加。インディオの分配を得る。	ブルゴス会議、開かれる。
一三	29		最初の植民法「ブルゴス法」の発布。バスコ＝ヌニェス＝デ＝バルボア、南の海（現太平洋）を発見。

一五一四	30	4月、インディオを使役して農作業や金採掘に従事。8月、第一回目の《回心》。	ペドラリアス＝ダビラ、パナマ総督として着任。
一五	31	10月、モンテシーノスとともにスペインに帰国。12月、フェルナンド五世に謁見。	フランスでフランソワ一世、即位。
一六	32	3月、シスネロスとアドリアンに『一四の改善策』を提出。11月、ヒエロニムス会士、実情調査のためエスパニョーラ島へ。ラス＝カサスも「インディオ保護官」として同島へ向かう。	フェルナンド五世、死去。
一七	33	6月、スペインに帰国。『島嶼部とティエラ-フィルメの改革に必要な改善策に関する覚書』を提出。	スペイン国王カルロス一世、スペインに到着。エルナンデス＝デ＝コルドバ、ユカタン半島に達する。ルター、九五か条の論題を発表。
一八	34		フワン＝デ＝グリハルバ、コスメル島を発見。
一九	35	3月頃、ガティナッラにティエラ-フィルメの改革をめざす覚書を提出。	カルロス一世、神聖ローマ皇帝に選出（カール五世）。マゼラン、世界周航に出発（〜三）。
二〇	36	12月、ティエラ-フィルメの平和的植民化のためにスペインを離れる。	金帳陣営の会見。グラヴリーヌ条約。コムネロスの反乱（〜二一）。

一五二一	37		カルロス一世とフランスのフランソワ一世との戦争が激化。 コルテス、アステカ王国を征服。
二二	38	クマナーの悲劇。 ドミニコ会士となる（第二回目の《回心》）。	アドリアン、ローマ教皇に選出（ハドリアヌス六世）。
二三	39	この頃から、『布教論』の執筆開始。	ペドロ＝デ＝アルバラード、グァテマラに遠征。 ローマ教皇にクレメンス七世即位。
二五	41		パヴィアの戦い。
二六	42	9月、エスパニョーラ島プエルトープラタの修道院長に任命される。	マドリード条約。
二七	43	『歴史』の執筆を開始。	フランシスコ＝モンテホ、ユカタンの征服を開始。 皇帝軍による「ローマ劫掠」。
二八	44		ドイツのウェルザー家、ベネズエラの植民権を獲得。 カベサ＝デ＝バカ、テキサス海岸から北米を横断（～三六）。
二九	45		ドイツ人ダルフィンガー、ベネズエラのコロに上陸。
三〇	46		ディエゴ＝デ＝オルダス、オリノ

			コ川を探検。 8月、インディオ奴隷化全面禁止の勅令。
一五三一	47	インディアス枢機会議あてに書簡を送り、エンコミエンダと征服戦争の不正を訴える。スペイン人植民者を弾劾する説教を再開。アウディエンシアより召還され、二年間の蟄居を命じられる。	アウグスブルクの信仰告白。 ピサロ、インカ帝国の征服へ。 シュマルカルデン同盟結成。 ヘンリ八世、イギリス国教会の首長となる。
三三	49	エンリキーリョの「反乱」を平和裡に平定。	ピサロ、インカ王アタワルパ処刑。
三四	50	12月末、ペルーに向かうため、エスパニョーラ島をあとにする。	インディオの奴隷化を認める勅令の発布。 フランソワ一世、ドイツの新教徒と同盟。 ジャック＝カルティエ、カナダ到着。
三五	51	4月、天候不順でペルーに向かうことができず、ニカラグアに上陸。メキシコ市を訪問。ニカラグア総督と軍事遠征をめぐって対立し、グァテマラに向かう。	スペインとフランスの対立、再燃。 ディエゴ＝デ＝アルマグロ、チリ遠征。 ヌエバ＝エスパーニャ初代副王アントニオ＝デ＝メンドサ着任。 フランソワ一世、オスマン帝国と同盟。
三六	52	メキシコ市で教会会議に出席。	ゴンサロ＝ヒメネス＝デ＝ケサダ、

一五三七	53	1月、サンティアゴ(グァテマラ)に戻る。5月、「戦いの地」で平和的改宗化を実行に移す。	エルドラード(黄金郷)を求めてコロンビア方面に遠征。ベルナルディーノ＝デ＝ミナーヤ師、スペイン帰国後、ローマへ。「インカの反乱」(～七二)。6月、ローマ教皇パウルス三世、回勅『崇高なる神』などを発布。
三八	54	平和的改宗化に成功。8月、メキシコ市で開催されたドミニコ会管区会議に出席。	カルロス一世とフランソワ一世の間でニースの休戦。ブエノス-アイレス建設。
三九	55		ビトリア、サラマンカ大学で「インディオについて」と「戦争法について」の特別講義を行う。
四〇	56	3月、伝道師の募集ならびに対インディアス政策の抜本的見直しを求めてスペインに帰国。	ペドロ＝デ＝バルディビア、チリ遠征。バスケス＝デ＝コロナド、北米南西部に遠征。
四一	57	1月、インディアス枢機会議に、テスルトランでの平和的改宗化に対するスペイン人植民者の妨害を避けるための措置を求める請願書を送る。	ミシュトン戦争勃発。ゴンサロ＝ピサロ、アマゾン川上流を探検。
四二	58	バリャドリードおよびバルセロナの審議会でインディアス改革を求める。	フランソワ一世とカルロス一世の争い、再燃。

一五四三	59	『矯正論』『インディアスの破壊についての簡潔な報告』『インディオの奴隷化論』の執筆。6月、「インディアス新法」発布。	インディアス各地で「新法」反対運動おこる。
四四	60	3月、チャパス司教となる。7月、司教区に向けて出発する。	ゴンサロ＝ピサロの反乱（～四八）。
四五	61	3月、シウダー＝レアルに到着。植民者と激しく対立する。5月、テスルトランで平和的改宗化事業を確認。	トリエント宗教会議、開催。10月、カルロス一世、「新法」の一部を撤回。
四六	62	3月、司教会議出席のため、メキシコ市へ。『聴罪規範』と『免罪か永罪か』を執筆。	ゴンサロ＝ピサロ、ペルー副王ヌニェス＝ベラを処刑。
四七	63	3月、スペインに帰国。	セプールベダ、『第二のデモクラテス』の印刷を画策。
四八	64	『三〇の法的命題集』を執筆。	ペドロ＝デ＝ラ＝ガスカ、ペルーの内乱を収拾。
五〇	66	セプールベダとバリャドリードで論戦。エンコミエンダの世襲化をめぐる審議会で反対意見を陳述。年末頃より『スペイン国王のインディアス支配権論』と『新世界の住民を弁ずる書』の執筆。	ヌエバ＝エスパーニャ第二代副王ルイス＝デ＝ベラスコ着任。リマとメキシコ市に大学設置令が下る。英仏間の和約。ローマ教皇にユリウス三世即位。

一五五一	67	4月頃、バリャドリードで審議会再開。	
五二	68	8月、セビーリャで八篇の論策を印刷・刊行（〜翌年1月）。 チャパス司教を辞任。	フランス王アンリ二世とカルロス一世の戦い（メッツの攻囲）。
五三	69	『歴史』の執筆・編纂に従事（〜六一）。 バリャドリードのサン＝グレゴリオ神学校を終の棲家と定める。	バルディビア、アラウコ＝インディオに敗れる。
五四	70		メアリ＝チューダーの治世（〜五八）。 ペルーのエンコメンデロ、エンコミエンダの世襲化を求める運動を展開。
五五	71	この年末か翌年初め、『王室の譲渡不能な財産と公職売却の不正について』を執筆。	ローマ教皇にパウルス四世即位。
五六	72	メキシコのカシーケ（首長）たちより、宮廷における全権代理に任命される。	カルロス一世、フェリペ二世に譲位。 フェリペ二世、ペルーのエンコミエンダ世襲化を決意する。
五七	73	「書簡論文」を作成し、エンコミエンダの世襲化に猛反対する。国王批判を強める。	サン＝カンタンの戦い。
五九	75	ペルーのクラーカたちより、宮廷における全権代理に任命される。 カランサ＝デ＝ミランダ弁護のため、異端審問所に	カトー＝カンブレッジの和約。 ローマ教皇にピウス四世即位。

		出頭（〜六二）。	
一五六〇	76	エンコミエンダの売却決定の撤回を求めて、献金を申し出る。	
六一	77	5月中旬、マドリードに移り、アトチャ修道院で暮らすようになる。	
六三	79	『インディアス文明誌』と『インディアス史』の完成後、『財宝論』と『疑問』を執筆（〜六四）。	
六四	80	2月末、遺言書とその補足書や埋葬に関する文書を作成。	
六六	82	4月、即位したローマ教皇ピウス五世に書簡を送り、征服戦争を正当と見なす人をすべて破門に処すよう要請。 7月18日、マドリードのアトチャ修道院にて帰天。	ブレダの協約。

参考文献

●ラス＝カサスの邦訳されている著作（刊行年順）

『インディアスの破壊についての簡潔な報告』（岩波文庫） 染田秀藤訳 ―― 岩波書店 一九七六
『コロンブス航海誌』（岩波文庫） 林屋永吉訳 ―― 岩波書店 一九七七
『インディアス破壊を弾劾する陳述』（「インディアス群書」六） 石原保徳訳 ―― 現代企画室 一九八七
『インディアス史』（「大航海時代叢書第II期」第21～25巻） 長南実訳 ―― 岩波書店 一九八一～九二
『インディオは人間か』（「アンソロジー　新世界の挑戦」8、『インディアス文明誌』の抜粋訳） 染田秀藤訳 ―― 岩波書店 一九九五

●ラス＝カサスの原著作（刊行年順。ただし一九五〇年以降に出版されたもの）

Opúsculos, cartas y memoriales de Bartolomé de Las Casas. Ilustración preliminar y edición por Juan Pérez de Tudela. Biblioteca de Autores Españoles（以下 BAE. と略記）CX. Madrid. 1958.
Los tesoros del Perú. Traducción y anotación de Angel Losada. CSIC. Madrid. 1958.
Apologética Historia Sumaria. Estudio crítico preliminar y edición por Juan Pérez de Tudela. BAE.CV-CVI. Madrid. 1958.
Tratado de Indias y el Doctor Sepúlveda. Estudio preliminar de Manuel Giménez Fernández. Biblioteca de la Academia Nacional de la Historia. Vol.56. Caracas. 1962.
Tratados de Bartolomé de Las Casas. Prólogos de Lewis Hanke y Manuel Giménez Fernández. Transcripción de Juan Pérez de Tudela y traducciones de Agustín Millares Carlo y Rafael

Moreno. 2 vols. Fondo de Cultura Económica. Biblioteca Americana 41-42. México. 1965.（一五五二年にセビーリャで印刷刊行された八篇の論策を収録）

Historia de las Indias. Edición de Agustín Millares Carlo y estudio preliminar de Lewis Hanke. 3 vols. Fondo de Cultura Económica. Biblioteca Americana. México. 1965.

Ibid. Texto fijado por Juan Pérez de Tuela y Emilio López Oto. Estudio crítico de Juan P. de Tudela. 2 vols. BAE. XCV-XCVI. Madrid. 1967.

Apologética Historia Sumaria. Edición preparada por Edmundo O'Gorman, con un estudio preliminar, apéndices y un índice de materias. Instituto de Investigaciones Históricas. 2 vols. Universidad Nacional Autónoma de México. México. 1967.

De regia potestate o derecho de autodeterminación. Edición crítica bilingüe por Luciano Pereña, José Manuel Pérez-Prendes, Vidal Abril y Joaquín Azcárraga. CSIC. Corpus Hispanorum de Pace. Vol.VIII. Madrid. 1969.

Bartolomé de Las Casas: A Selection of his Writings. Translated and edited by George Sanderlin. Alfred A. Knopf. New York. 1971.

Derechos civiles y políticos. Edición literatia de Luciano Pereña y Vidal Abril. Editora Nacional. Madrid. 1974.

Del único modo de atraer a todos los pueblos a la verdadera religión. Advertencia preliminar de Agustín Millares Carlo e introducción de Lewis Hanke. Traducción de Atenógenes Santamaría. Fondo de Cultura Económica. Colección Popular 137. México. 1975.

Apología de Juan Ginés de Sepúlveda contra Fray Bartolomé de las Casas y de Fray Bartolomé de las Casas contra Juan Ginés de Sepúlveda. Traducción castellana de los textos originales latinos, introducción, notas e índices por Angel Losada. Editora Nacional. Madrid. 1975.（英訳…*In Defense of the Indians*. Translated by Stafford Poole, C.M. Northern Illinois University Press. Dekalb. 1974.）

Colección de las Obras de Fray Bartolomé de Las Casas, Obispo de Chiapa. Edición facsimilar de 1822. Editora de los amigos del Círculo del Bibliófilo, S.A. 2 tomos. Madrid. 1981.

Bartolomé de Las Casas, Obra indigenista. Edición de José Alcina Franch. Alianza Editorial. Madrid. 1985.

Obras completas de Fray Bartolomé de Las Casas. Edición preparada por la Fundación «Instituto Bartolomé de Las Casas» de los Dominicos de Andalucía. 14 vols. Alianza Editorial. Madrid. 1988-.（ラス＝カサスの既刊文書がすべて収録されている）

●ラス＝カサス関連書誌（刊行年順）

Hanke, Lewis, y Giménez Fernández, Manuel, *Bartolomé de las Casas, 1474-1566. Bibliografía crítica y cuerpo de materiales para el estudio de su vida, escritos, actuación y polémicas que suscitaron durante cuatro siglos*. Fondo histórico y bibliográfico José Toribio Medina. Santiago de Chile. 1954.

Mejía Sánchez, Ernesto, *Las Casas en México. Exposición bibliográfica conmemorativa del cuarto centenario de su muerte (1566-1966)*. Universidad Nacional Autónoma de México. México. 1967.

Marcus, Raymond, "Las Casas: A Selective Bibliography" en Juan Friede & Benjamin Keen(ed.). *Bartolomé de Las Casas in History. Toward an Understanding of the Man and His Work*. Northern Illinois University Press. Dekalb. 1971. pp.603-616.

Muriá, José María, *Bartolomé de las Casas ante la historiografía mexicana*. Sep.- Setentas 155. México. 1974.

Almudena Hernández Ruigómez & Carlos Ma. González de Heredia, "Materiales para una bibliografía sobre Fray Bartolomé de las Casas" en *En El Quinto Centenario de Bartolomé de Las Casas*. Ediciones Cultura Hispánica. Madrid. 1986. pp.183-231.

●ラス＝カサス関連の邦語文献（刊行年順）

伊藤不二男『ビトリアの国際法理論』――有斐閣 一九六六

増田義郎『コロンブス』（岩波新書）――岩波書店 一九七九

石原保徳『インディアスの発見 ラス・カサスを読む』――田畑書店 一九八〇

増田義郎『大航海時代』（ビジュアル版「世界の歴史」13巻）――講談社 一九八四

増田義郎『新世界のユートピア スペイン・ルネサンスの明暗』（中公文庫）―中央公論社 一九八九

青木康征『コロンブス』（中公新書）――中央公論社 一九八九

染田秀藤『ラス＝カサス伝――新世界征服の審問者』――岩波書店 一九九〇

大内一・染田秀藤・立石博高『もうひとつのスペイン史――中近世の国家と社会』――同朋舎出版 一九九四

染田秀藤『大航海時代における異文化理解と他者認識――スペイン語文書を読む』―渓水社 一九九五

●史料の邦訳文献（刊行年順）

コロンブス、アメリゴ、ガマ、バルボア、マゼラン『航海の記録』（「大航海時代叢書」第I期）
増田義郎他訳――岩波書店 一九六五

シエサ・デ・レオン『インカ帝国史』(「大航海時代叢書」第II期15巻) 増田義郎訳――岩波書店 一九七七
モトリニーア『ヌエバ・エスパーニャ布教史』(「大航海時代叢書」第II期14巻) 小林一宏訳――岩波書店 一九七九
サアグン、コルテス、ヘレス、カルバハル『征服者と新世界』(「大航海時代叢書」第II期12巻) 増田義郎他訳――岩波書店 一九八〇
ティトゥ・クシ・ユパンキ述『インカの反乱――被征服者の声』(岩波文庫) 染田秀藤訳――岩波書店 一九八七
セプールベダ『征服戦争は是か非か』(「アンソロジー 新世界の挑戦」7、『第二のデモクラテス』および『アポロギア』の全訳) 染田秀藤訳――岩波書店 一九九二
サアグン『神々とのたたかいI』(「アンソロジー 新世界の挑戦」9) 篠原愛人・染田秀藤訳――岩波書店 一九九二
ペドロ・マルティル『新世界とウマニスタ』(「アンソロジー 新世界の挑戦」2、『新世界に関する十巻の書』の抜粋訳) 清水憲男訳――岩波書店 一九九三
ビトリア『人類共通の法を求めて』(「アンソロジー 新世界の挑戦」6、『インディオについて』と『戦争法について』の抜粋訳) 佐々木孝訳――岩波書店 一九九三
『完訳 コロンブス航海誌』青木康征訳――平凡社 一九九三
シエサ・デ・レオン『激動期アンデスを旅して』(「アンソロジー 新世界の挑戦」5) 染田秀藤訳――岩波書店 一九九三
オビエード『カリブ海植民者の眼差し』(「アンソロジー 新世界の挑戦」4、『インディアス博物誌ならびに発見・征服史』の抜粋訳) 染田秀藤・篠原愛人訳――岩波書店 一九九四

ゴマラ『拡がりゆく視圏』（「アンソロジー　新世界の挑戦」3、『インディアス史』の抜粋訳）
清水憲男訳　――　岩波書店　一九九五

●研究書の邦訳（刊行年順）

L・ハンケ『アリストテレスとアメリカ・インディアン』佐々木昭夫訳　――　岩波書店　一九七四
H・ラペール『カール五世』（文庫クセジュ）染田秀藤訳　――　白水社　一九七五
J・H・エリオット『旧世界と新世界　1492—1650』越智武臣・川北稔訳　――　岩波書店　一九七五
L・ハンケ『スペインの新大陸征服』染田秀藤訳　――　平凡社　一九七九
J・H・エリオット『スペイン帝国の興隆』藤田一正訳　――　岩波書店　一九八二
N・ワシュテル『敗者の想像力――インディオの見た新世界征服』小池佑二訳　――　岩波書店　一九八四
M・マン＝ロト『イスパノアメリカの征服』（文庫クセジュ）染田秀藤訳　――　白水社　一九八四
T・トドロフ『他者の記号学――アメリカ大陸の征服』及川馥・大谷尚文他訳　法政大学出版局　一九八六
G・グティエレス『神か黄金か　甦るラス・カサス』染田秀藤訳　――　岩波書店　一九九一

●原書（著者別、アルファベット順）

Actualidad de Bartolomé de Las Casas. Fomento Cultural Banamex, A.C. México. 1975.
Alba, Pedro de, *Fray Bartolomé de Las Casas, padre de los Indios. Ensayo histórico social*. Ed.Nayarit. México. 1924.
Alcina Franch, José, *Bartolomé de Las Casas*. Historia 16. Madrid. 1986.
André-Vincent, Philippe Ignace, *Bartolomé de Las Casas, prophête du Nouveau Monde*. Librairie Jules Tallandier. Paris. 1980.

Ibid., *Derechos de los indios y desarrollo en Hispanoamérica*. Ediciones Cultura Hispánica. Madrid. 1975.

Angel Barreda, Jesús, *Ideología y pastoral misionera en Bartolomé de las Casas, O. P.* Instituto Pontificio de Teología. Madrid. 1981.

Antonio Maravall, José, *Utopía y reformismo en la España de los Austrias*. Siglo XXI Ed. Madrid. 1982.

Ariza, Alberto E., *Fray Bartolomé de las Casas y el Nuevo Reino de Granada*. Editorial Kelly. Bogotá. 1974.

Autour de Las Casas. Actes du Colloque du Ve. Centenaier. Tallandier. Paris. 1987.

Bartolomé de Las Casas (1474-1974) e Historia de la Iglesia en América Latina. CEHILA. Ed. Nova. Madrid . 1976.)

Bataillon, Marcel, *Ètudes sur Bartolomé de las Casas*. Centre de Recherches de l'Institut D'Études Hispaniques. Paris. 1965 (西語版: *Estudios sobre Bartolomé de las Casas*. Ediciones Península. 1976.)

Ibid, *Las Casas et la Défense des Indiens* (con André Saint-Lu) Juliard. Paris. 1971. (西語版: *El Padre Las Casas y la defensa de los indios*. Ariel. Barcelona. 1976.)

Bautista Lassègue, Juan, *La larga marcha de Las Casas*. Centro de Estudios y Publicaciones. Lima. 1974.

Bayle, Constantino (S.J.), *El Protector de los Indios*. Escuela de Estudios Hispanoamericanos. Sevilla. 1945.

Bell, Aubrey F.G., *Juan Ginés de Sepúlveda*. Oxford University Press. Oxford. 1925.

Bernard, Carmen & Gruzinski, Serge, *De la idolatría. Una arqueología de las ciencias religiosas*.

Fondo de Culutra Económica. México. 1992.

Beuchot, Mauricio, *La querella de la conquista. Una polémica del siglo XVI*. Siglo XXI Ed. México. 1992.

Ibid., *Los fundamentos de los derechos humanos en Bartolomé de Las Casas*. Ed. Anthropos. Barcelona. 1994.

Biermann, Benno M., *Las Casas und seine sendung*. Mainz. 1968. (西語版: *El P. Las Casas y su apostolado*. Fundación Universitaria Eapañola. Madrid. 1986.)

Borges, Pedro, *Misión y civilización en América*. Editorial Alhambra. Madrid. 1987.

Ibid., *¿Quién era Bartolomé de Las Casas?* Ediciones Rialp, S.A. Madrid. 1990.

Brading, David, *The First America: the Spanish monarchy, Creole patriots and the Liberal state, 1492-1867*. Cambridge University Press. Cambridge. 1991. (西語版: *Orbe indiano. De la monarquía a la república criolla, 1492-1867*. Fondo de Cultura Económica. México. 1993.)

Brufau Prats, Jaime, *La Escuela de Salamanca ante el descubrimiento del Nuevo Mundo*. Ed. San Esteban. Salamanca. 1989.

Carbia, Rómulo D., *Historia de la Leyenda Negra Hispanoamericana*. Eds. Orientación Española. Buenos Aires. 1940.

Cardenas y Vicente de, *Carlos I de Castilla. Señor de las Indias*. Hidalguía. Madrid. 1988.

Chiappelli, Fredi(ed.), *First Images of America. The Impact of the New World on the Old*. 2 vols. University of California Press. Berkeley. 1976.

Colin, Steele, *English interpreters of the Iberian New World from Purchas to Stevens (1603-1726). A Bibliographical Study*. The Dolphin Book. Oxford. 1975.

Durán Luzio, Juan, *Bartolomé de Las Casas ante la conquista de América. Las voces del historiador*. San José (Costa Rica). 1992.

Dussel, Enrique D., *Desintegración de la cristiandad colonial y liberación. Perspectiva latinoamericana*. Ediciones Sígueme. Salamanca. 1978.

En El Quinto Centenario de Bartolomé de Las Casas. Ediciones Cultura Hispánica. Madrid. 1986.

Enzensberger, Hans Magnus, *El interrogatorio de Las Habana. Autorretrato de la contrarrevolución y otros ensayos políticos*. Ed. Anagrama. Barcelona. 1970.

Estudios sobre Fray Bartolomé de las Casas. Anales de la Universidad Hispalense. Serie Filosofía y Letras No.24. Sevilla, 1974.

Estudios sobre la política indigenista española en América. 3 vols. Simposio conmemorativo del V Centenario del Padre Las Casas. Universidad de Valladolid. Valladolid. 1975-1977.

Études sur l'impact culturel du Nouveau Monde. Séminare interuniversitaire sur l'Amerique Espagnole coloniale. 3 vol. L'Harmattan. Paris. 1981-1983.

Francisco de Vitoria. Relecciones teológicas. Biblioteca de Autores Cristianos 198. Madrid. 1960.

Fray Bartolomé de Las Casas en Hispanoamérica. Primer Simposio Internacional de Lascasistas. Chiapas. México. 1976.

Friede, Juan, *Bartolomé de Las Casas 1485-1566. Su lucha contra la opresión*. Carlos Valencia Ediores. Bogotá. 1974.

Ibid., *Bartolomé de Las Casas : precursor del anticolonialismo. Su lucha y su derrota*. Siglo XXI Ed. México. 1974.

Galmés Mas, Lorenzo, *Bartolomé de las Casas. Defensor de los derechos humanos*. Biblioteca de

Autores Cristianos. Madrid. 1982.

García Cárcel, Ricardo, *La Leyenda Negra. Historia y opinión*. Alianza Ed. Madrid. 1992.

García-Gallo, Alfonso, *Las Casas, jurista*. Instituto de España. Madrid. 1974-75.

Giménez Fernández, Manuel, *Bartolomé de Las Casas: I. Delegado de Cisneros para la reformación de las Indias. II. Capellán de S.M. Carlos I. Poblador de Cumaná (1517-1523)*. Escuela de Estudios Hispanoamericanos. Sevilla. 1953-60.

Góngora, Mario, *Studies in the Colonial History of Spanish America*. Translated by Richard Southern. London. Cambridge University Press. 1975.

Gutiérrez, Gustavo, *En busca de los pobres de Jesucristo. El pensamiento de Bartolomé de Las Casas*. Instituto Bartolomé de Las Casas. Lima. 1992.

Hanke, Lewis, *Cuerpo de documentos del siglo XVI. Sobre los derechos de España en las Indias y las Filipinas*. Fondo de Cultura Económica. México. 1977.

Ibid., *Bartolomé de las Casas, pensador, político, historiador, antropólogo*. Sociedad Económica de Amigos del País. La Habana (Cuba). 1949.

Höffner, Joseph, *La ética colonial española del Siglo de Oro. Cristianismo y dignidad humana*. Ed. Cultura Hispánica. Madrid. 1957.

Juderías, Julián, *La Leyenda Negra. Estudios acerca del concepto de España en el extranjero*. 16a. Edición. Editora Nacional. Madrid. 1974.

Karl, Kohut(ed.), *De conquistadores y conquistados. Realidad, justificación, representación*. Vervuet Verlag. Frankfurt am Main. 1992.

La Etica en la Conquista de América. CSIC. Corpus Hispanorum de Pace. Vol.XXV. Madrid. 1984.

Lafaye, Jacques, *Los Conquistadores*. Siglo XXI Ed. México. 1970.

Las Casas entre dos mundos. Congreso teológico internacional. Instituto Bartolomé de Las Casas. Lima. 1993.

Las Casas et la politique des droits de l'homme. Institut d Études Politique d'Aix. France. 1976.

León-Portilla, Miguel, *La flecha en el blanco. Francisco Tenamaztle y Bartolomé de Las Casas en lucha por los derechos de los indígenas 1541-1556*. Ed. Diana. México. 1995.

Ibid., *Culturas en peligro*. Alianza Editorial Mexicana. México. 1976.

Losada, Angel, *Juan Ginés de Sepúlveda a través de su 《Epistolario》 y nuevos documentos*. CSIC. Madrid. 1949.

Ibid., *Fray Bartolomé de Las Casas, a la luz de la moderna crítica histórica*. Ed. Tecnos. Madrid. 1970.

Luis Olaizola, José, *Bartolomé de Las Casas, crónica de un sueño*. Ed. Planeta. Barcelona. 1991.

Macgrégor, Joaquín Sánchez, *Colón y Las Casas. Poder y contrapoder en la filosofía de la historia latinoamericana*. Universidad Nacional Autónoma de México. México. 1991.

MacLachlan, Colin M., *Spain's Empire in the New World. The Role of Ideas in Institutional and Social Change*. University of California Press. Berkeley. 1988.

Mahn-Lot, Marianne, *Bartolomé de Las Casas et le Droit des Indiens*. Payot. Paris. 1982.

Ibid., *Barthlomey de Las Casas. L'Evangile et la Force*. Ed. du Cerf. Paris. 1964.

Martby, William S., *La Leyenda Negra en la Inglaterra. Desarrollo del sentimiento antihispánico, 1558-1660*. Fondo de Cultura Económica. México. 1982.

Manzano y Manzano, Juan, *La incorporación de las Indias a la Corona de Castilla*. Ediciones Cultura Hispánica. Madrid. 1948.

María Vargas, José, *Batolomé de las Casas. Su personalidad histórica.* Editorial Santo Domingo. Quito. 1974.

Martínez, Manuel María, *Bartolomé de Las Casas, el gran calumniado.* Imprenta La Rafa. Madrid. 1955.

Mattasoglio, Carlos Castillo, *Libres para creer. La conversión según Bartolomé de Las Casas en la 《Historia de las Indias》.* Pontificia Universidad Católica del Perú. Lima. 1993.

Menéndez Pidal, Ramón, *El Padre Las Casas. Su doble personalidad.* Espasa-Calpe. Madrid. 1963.

Mires, Fernando, *La colonización de las almas. Misión y Conquista en Hispanoamérica.* Ed. DEI. San José (Costa Rica). 1987.

Molina Martínez, Miguel, *La Leyenda Negra.* Ed. Nerea, S.A. Madrid. 1991.

Monica, M., *La gran controversia del siglo diez y seis acerca del dominio español sobre América.* Instituto de Cultura Hispánica. Madrid. 1952.

Morales Padrón, Francisco, *Teoría y Leyes de la Conquista.* Ediciones Cultura Hispánica. Madrid. 1979.

O'Gorman, Edmundo, *Cuatro historiadores de Indias. Siglo XVI. Pedro Mártir de Anglería, Gonzalo Fernández de Oviedo y Valdés, Fray Bartolomé de las Casas y Joseph de Acosta.* Sep. - Setentas 51. México. 1972.

Pagden, Anthony, *The fall of natural man. The American Indian and the origins of comparative ethnology.* Cambridge University Press. Cambridge. 1982.

Parish, Helen Rand, *Las Casas as a Bishop. A New Interpretation based on his holograph petition in the Hans P. Kranus Collection of Hispanic American Manuscripts.* Library Congress. Washington.

1980.

Parish, Helen Rand, & Weidman, Harold E., Las Casas en México. Historia y obra desconocida. Fondo de Cultura Económica. México. 1992.

Parry, John H., *The Spanish Theory of Empire in the Sixteenth Century*. 2nd. edition. Octagon Books. New York. 1974.

Pereña Vicente, Luciano, *Misión de España en América. 1540-1560*. CSIC. Madrid. 1956.

Pérez Fernández, Isacio, *Inventario documentado de los escritos de Fray Bartolomé de las Casas*. Puerto Rico. 1981.

Ibid., *Cronología documentada de los viajes, estancias y actuaciones de Fray Bartolomé de las Casas*. Puerto Rico. 1984.

Ibid., *Bartolomé de Las Casas en el Perú. El espíritu lascasiano en la primera evangelización del imperio incaico (1531-1573)*. Centro de Estudios Rurales Andinos. Bartomé de las Casas. Cusco. 1988.

Ibid., *Brevísima relación de la destrucción de Africa, preludio de la destrucción de Indias*. Ed. San Esteban. Salamanca. 1989.

Ibid., *Fr.Toribio de Motolinía, O.F.M., frente a Fray Bartolomé de las Casas, O. P.* Editorial San Esteban. Salamanca. 1989.

Ibid., *Fray Bartolomé de Las Casas, O. P. De defensor de los indios a defensor de los negros*. Ed. San Esteban. Salamanca. 1995.

Phelan, John L., *The Millennial Kingdom of the Franciscans in the New World*. University of California Press. Berkeley. 1970.

Pietchmann, Horst, *El Estado y su evolución al principio de la colonización española de América*. Fondo de Cultura Económica. México. 1989.

Porras Barrenechea, Raúl, *Los cronistas del Perú (1528-1650) y otros ensayos*. Banco de Crédito del Perú. Edición, prólogo y notas de Franklin Pease G.Y. Lima. 1986.

Powell, Philip W., *Arbol de Odio. La Leyenda Negra y sus consencuencias en las relaciones entre Estados Unidos y el Mundo Hispánico*. Ediciones José Porrúa Turanzas, S.A. Madrid. 1972.

Queraltó Moreno, Ramón Jesús, *El pensamiento filosófico-político de Bartolomé de Las Casas*. Escuela de Estudios Hispanoamericanos. Sevilla. 1976.

Remesal, Fr. Antonio de (O.P.), *Historia general de las Indias occidentales, y particular de la gobernación de Chiapa y Guatemala*. Estudio preliminar del Carmelo Sáenz de Santamaría. BAE. CLXXV y CLXXXIX. Madrid. 1964-66.

Ricard, Robert, *La conquista espiritual de México. Ensayo sobre el apostolado y los métodos misioneros de las órdenes mendicantes en la Nueva España de 1523-1524 a 1572*. 2a. Edición. Fondo de Cultura Económica. México. 1986.

Sáenz de Santamaría, Carmelo (S.J.), *El licenciado don Francisco Marroquín, primer obispo de Guatemala (1499-1563). Su vida, sus escritos*. Ediciones Cultura Hispánica. Madrid. 1964.

Saint-Lu, André, *Condition coloniale et conscience créole au Guatemala (1524-1821)*. Presses Universitaires de France. Paris. 1970.

Ibid., *Las Casas indigeniste. Études sur la vie et l'oeuvre du défenseur des Indiens*. L'Harmattan. Paris. 1982.

Ibid., *La Vera Paz. Esprit évangélique et colonisation*. Centre de Recherches Hispaniques. Paris.

1968.
Salas, Alberto Mario, *Tres cronistas de Indias. Pedro Mártir de Anglería, Gonzalo Fernández de Oviedo y Fray Bartolomé de Las Casas*. Fondo de Cultura Económica. México. 1959.
Santa Cruz, Alonso de, *Crónica del Emperador Carlos V*. Madrid. 1928.
Simposium Fray Bartolomé de Las Casas. Trascendencia de su obra y doctrina. Universidad Nacional Autónoma de México. México. 1985.
Testas, Guy & Jean, *Les Conquistadores. 1492-1556*. Hachette. Paris. 1988.
Torre, Fr. Tomás de la, *Desde Salamanca, España, hasta Ciudad Real, Chiapas*. Notas de Franz Blom. Gobierno Constitucional del Estado Chiapas. México. 1974.
Ulloa, Daniel, *Los predicadores divididos. (Los dominicos en Nueva España. Siglo XVI)*. El Colegio de México. México. 1977.
Venancio Carro, Diego, *España en América sin leyendas*. Librería OPE. Madrid. 1963.
Ibid., *La teología y los teólogos-juristas españoles ante la conquista de América*. Publicaciones de la Escuela de Estudios Hispanoamericanos de Sevilla. Madrid. 1944.
Wagner, Henry Raup & Parish, Helen Rand, *The Life and Writings of Bartolomé de las Casas*. University of New Mexico Press. Alburquerque. 1967.
Yáñez, Agustín, *Fray Bartolomé de las Casas, el conquistador conquistado*. Eds. Xochitl. México. 1942.
Ybot León, Antonio, *La iglesia y los eclesiásticos españoles en la empresa de Indias*. Salvat Editores. Barcelona. 1945.
Zavala, Silvio, *La encomienda indiana*. Ed. Porrúa. Edición revisada y aumentada. México. 1976.
Ibid., *La filosofía política en la conquista de América*. Fondo de Cultura Económica. México. 1972.

Ibid., *Temas hispanoamericanos en su quinto centenario*. Ed. Porrúa. México. 1986.
Ibid., *Recuerdo de Bartolomé de las Casas*. Lib. Font. Guadalajara (México). 1966.
Ibid., *Repaso histórico de la Bula《Sublimis Deus》de Paulo III, en defensa de los indios*. Univ. Iberoamericana. México. 1991.

さくいん

【人名】

【事　項】

ラス＝カサス■人と思想143　　定価はカバーに表示

1997年10月 9 日　第 1 刷発行©
2016年 3 月25日　新装版第 1 刷発行©

・著　者 …………………………… 染田　秀藤
・発行者 …………………………… 渡部　哲治
・印刷所 …………………………… 広研印刷株式会社
・発行所 …………………………… 株式会社　清水書院

〒102-0072　東京都千代田区飯田橋3-11-6
Tel・03(5213)7151～7
振替口座・00130-3-5283
http://www.shimizushoin.co.jp

検印省略
落丁本・乱丁本は
おとりかえします。

CenturyBooks

Printed in Japan
ISBN978-4-389-42143-4

CenturyBooks

清水書院の〝センチュリーブックス〟発刊のことば

近年の科学技術の発達は、まことに目覚ましいものがあります。月世界への旅行も、近い将来のこととして、夢ではなくなりました。しかし、一方、人間性は疎外され、文化も、商品化されようとしていることも、否定できません。

いま、人間性の回復をはかり、先人の遺した偉大な文化を継承して、高貴な精神の城を守り、明日への創造に資することは、今世紀に生きる私たちの、重大な責務であると信じます。

私たちがここに、「センチュリーブックス」を刊行いたしますのは、人間形成期にある学生・生徒の諸君、職場にある若い世代に精神の糧を提供し、この責任の一端を果したいためであります。

ここに読者諸氏の豊かな人間性を讃えつつご愛読を願います。

一九六七年

清水梼

SHIMIZU SHOIN